Irvin D. Yalom y Marilyn Yalom

Inseparables

imago mundi

Irvin D. Yalom y Marilyn Yalom

Inseparables

Sobre el amor, la vida y la muerte

Traducción de Claudio Iglesias

Ediciones Destino   Colección Imago Mundi   **Volumen 336**

Obra editada en colaboración con Editorial Planeta – España

Título original: *A Matter of Life and Death*

© 2021, Irvin D. Yalom & Marilyn Yalom
Todos los derechos reservados

© 2021, Traducción del inglés: Claudio Iglesias

© 2022, Editorial Planeta, S. A. – Barcelona, España

Derechos reservados

© 2022, Editorial Planeta Mexicana, S.A. de C.V.
Bajo el sello editorial DESTINO M.R.
Avenida Presidente Masarik núm. 111,
Piso 2, Polanco V Sección, Miguel Hidalgo
C.P. 11560, Ciudad de México
www.planetadelibros.com.mx

Primera edición impresa en España: septiembre de 2022
ISBN: 978-84-233-6206-6

Primera edición impresa en México: noviembre de 2022
ISBN: 978-607-07-9471-1

Impreso en los talleres de Litográfica Ingramex, S.A. de C.V.
Centeno núm. 162-1, colonia Granjas Esmeralda, Ciudad de México
Impreso en México –*Printed in Mexico*

El duelo es el precio que pagamos
por tener el coraje de amar a otro.

ÍNDICE

PREFACIO

Marilyn y yo comenzamos nuestras respectivas carreras académicas después de hacer estudios de posgrado en la Universidad Johns Hopkins: en mi caso, se trató de una residencia en Psiquiatría; en el suyo, fue un doctorado en Literatura Comparada (francesa y alemana). Siempre fui su primer lector, y ella mi primera lectora. Después de escribir mi primer libro, un manual sobre terapia de grupo, me concedieron una beca de escritura de la Fundación Rockefeller para trabajar en el siguiente, *Verdugo del amor*, en el Bellagio Writing Center en Italia. Poco después de nuestra llegada, Marilyn me habló de su creciente interés por escribir un libro basado en las memorias de las mujeres de la época de la Revolución francesa, y estuve de acuerdo en que tenía un material excelente para hacerlo. A todos los académicos de la beca Rockefeller se nos había dado un apartamento y un estudio de escritura independiente, y le dije que le preguntara al director si ella también podía disponer de un estudio. Este respondió que era inusual solicitar un estudio de escritura para la esposa de un académico y que, además, todos los estudios del edificio principal ya habían sido asignados. Pero después de unos minutos de reflexión, el hombre le ofreció un espacio en desuso, un estudio en una casa en un árbol ubicado en el bosque que teníamos cerca, a solo cinco minutos a pie. Encantada con el lugar, Marilyn comenzó a trabajar con entusiasmo en su primer libro, *Compelled to Witness: Women's Memoirs of the French Revolution*. Nunca había sido más feliz. A partir de entonces, fuimos compañeros escritores y, a lo largo del resto de nuestras vidas, a pesar de tener cuatro hijos y ocupar diferentes puestos administrativos y ser docentes a tiempo completo, ella me igualó en cantidad de libros escritos.

En 2019 a Marilyn le diagnosticaron mieloma múltiple, un cáncer de las células plasmáticas (glóbulos blancos productores de anticuerpos que se encuentran en la médula ósea). Se le administró un medicamento de quimioterapia, Revlimid, el cual precipitó un accidente cerebrovascular que la llevó inesperadamente a la sala de emergencias y a tener que pasar cuatro días ingresada en el hospital. Dos semanas después de que hubiera regresado a casa, dimos un breve paseo por el parque que hay a una manzana de nuestro hogar, y Marilyn me comunicó:

—Tengo en mente un libro que deberíamos escribir juntos. Se trata de documentar los días y meses difíciles que tenemos por delante. Quizá nuestras dificultades sean de alguna utilidad para otras parejas en las que uno de los dos se enfrenta a una enfermedad mortal.

Marilyn solía sugerir temas para libros que ella o yo deberíamos abordar, y yo siempre respondía:

—Es una buena idea, querida, algo que deberías empezar ya. Me tienta la idea de un proyecto conjunto, pero, como sabes, ya he comenzado un libro de cuentos.

—Oh, no, no, no vas a escribir ese libro. ¡Vas a escribir este libro conmigo! Redactarás tus capítulos y yo redactaré los míos, y se irán alternando. Será nuestro libro, un libro diferente a cualquier otro, porque involucra dos mentes en lugar de una: ¡las reflexiones de una pareja que ha estado casada durante sesenta y cinco años! Una pareja que tiene la enorme fortuna de tenerse el uno al otro mientras recorremos el camino que finalmente conduce a la muerte. Vas a caminar con tu andador de tres ruedas, y yo caminaré con estas piernas, que pueden moverse durante quince o veinte minutos en el mejor de los casos.

En *Psicoterapia existencial,* su libro de 1980, Irv afirmó que es más fácil enfrentarse a la muerte para quien no se arrepiente demasiado de la vida que ha vivido. Al mirar hacia atrás, hacia nuestra larga vida juntos, Irv y yo nos arrepentimos de muy poquitas cosas. Eso no hace que sea más fácil tolerar las tribulaciones corporales que ahora experimentamos día a día, ni amortigua la idea de dejarnos el uno al otro. ¿Cómo podemos luchar contra la desesperación? ¿Cómo vivir de manera significativa hasta el final?

Al escribir este libro, estamos atravesando una edad en la que la mayoría de nuestros contemporáneos ya han muerto. Ahora vivimos cada día con el conocimiento de que nuestro tiempo juntos es limitado y sumamente valioso. Escribimos para darle sentido a nuestra existencia, incluso cuando nos lleva a las zonas más oscuras del deterioro físico y la muerte. Esta obra está destinada, ante todo, a guiarnos por el camino que conduce al final de la vida. Si bien es obvio que es el resultado de nuestra experiencia personal, también lo vemos como parte de un debate social más amplio sobre las preocupaciones relacionadas con el final de la vida. Todo el mundo quiere obtener la mejor atención médica disponible, encontrar apoyo emocional en sus familiares y amigos y morir de la forma menos dolorosa posible. Pero ni siquiera con nuestros privilegios, en términos médicos y sociales, somos inmunes al dolor y al miedo que depara la idea de una muerte inminente. Como todos, queremos preservar la calidad de lo que nos queda de vida, y por eso somos incluso capaces de tolerar procedimientos médicos que nos hacen sentir todavía más enfermos. ¿Cuánto estamos dispuestos a soportar para seguir vivos? ¿Cómo podemos terminar nuestros días de la forma más indolora posible? ¿Cómo hacemos para dejar paso a la próxima generación de una manera digna?

Ambos sabemos que, casi con certeza, Marilyn morirá a causa de su enfermedad. Pero juntos escribiremos este diario de lo que tenemos por delante con la esperanza de que nuestras experiencias y ob-

servaciones proporcionen significado y socorro no
solo para nosotros, sino también para nuestros lectores.

Irvin D. Yalom
Marilyn Yalom

Capítulo 1

LA CAJA VITAL

Abril

Una y otra vez, noto que me estoy pasando los dedos por el lado superior izquierdo del pecho. Yo, Irv, hace un mes que tengo un nuevo objeto metido ahí, una caja de metal de cinco por cinco centímetros implantada por un cirujano cuyo nombre y rostro ya no recuerdo. Todo comenzó en una sesión con la fisioterapeuta, a quien había acudido en busca de ayuda con mi equilibrio deteriorado. Me estaba tomando el pulso, apenas empezada la sesión, cuando de repente me miró y, con una expresión sobresaltada en el rostro, dijo:

—Nos vamos a urgencias ahora mismo. ¡Tu pulso es de treinta!

Traté de calmarla:

—Hace meses que tengo el pulso lento, y estoy asintomático.

Mis palabras tuvieron poco impacto en ella. Se negó a continuar la sesión de fisioterapia y me prometió que contactaría de inmediato con mi médico de cabecera, el doctor W., para hablar del asunto.

Tres meses antes, al hacerme los exámenes anuales de rutina, W. había notado mi pulso lento y ocasionalmente irregular, y me había remitido a la clínica de arritmias de Stanford. Allí me pegaron al pecho un monitor Holter, que registró los latidos de mi corazón durante un periodo de dos semanas. Los resultados mostraron un pulso siempre lento, marcado por breves episodios periódicos de fibrilación auricular. Para evitar que liberase un coágulo y que este se fuera al cerebro, W. me recetó Eliquis, un anticoagulante. Aunque evitó que sufriese un derrame, esto suscitó una nueva preocupación en mí: yo tenía problemas de equilibrio desde hacía años, y ahora una caída grave podía ser letal, porque no habría forma de revertir el efecto del anticoagulante y detener la pérdida de sangre.

Cuando el doctor W. me examinó, dos horas después de que la fisioterapeuta me hubiera derivado a él, estuvo de acuerdo en que mi pulso se había vuelto aún más lento y dispuso que usara un monitor Holter una vez más para registrar mi actividad cardíaca durante dos semanas.

Dos semanas más tarde, después de que el técnico de la clínica de arritmias me quitase el monitor Holter y enviase el registro de mi actividad cardíaca al laboratorio para su estudio, tuvo lugar otro episodio alarmante, esta vez para Marilyn: estábamos conversando cuando, de repente, ella dejó de hablar, incapaz de pronunciar una sola palabra. Esto se prolongó durante cinco minutos. Después, fue recuperando el habla con lentitud. «Seguro que ha tenido un infarto», pensé. A Marilyn se le había diagnosticado un mieloma múltiple dos meses antes y había comenzado a tomar Revlimid.

El infarto podía ser consecuencia de este fortísimo medicamento de quimioterapia que ya tomaba desde hacía dos semanas. Llamé enseguida a su médico de cabecera, que estaba cerca, y fue corriendo a nuestra casa. Después de un rápido examen, llamó a una ambulancia para llevar a Marilyn a urgencias.

Esas horas en la sala de espera fueron las peores. Los médicos de guardia le hicieron algunas radiografías cerebrales, que confirmaron que, en efecto, había tenido un derrame cerebral como resultado de un coágulo. Procedieron a administrarle un fármaco, TPA (activador del plasminógeno tisular), para romperlo. Un porcentaje mínimo de pacientes son alérgicos a este medicamento; lamentablemente, Marilyn forma parte de ese porcentaje y casi se muere en urgencias. Pero poco a poco se recuperó, el infarto no dejó secuelas, y a los cuatro días le dieron el alta.

Por desgracia, el destino no había terminado con nosotros. Solo unas horas después de que hubiera traído a Marilyn a casa desde el hospital, mi médico me llamó por teléfono y me dijo que los resultados del estudio cardíaco acababan de llegar y que era imprescindible que me insertaran quirúrgicamente un marcapasos externo en el tórax. Le respondí que Marilyn acababa de tener un derrame y que estaba muy ocupado atendiéndola. Le aseguré que pediría cita para principios de la próxima semana.

—No, no, Irv —respondió mi médico—, escúchame bien: esto es urgente. Tienes que ir ya mismo a urgencias para entrar en el quirófano de inmediato. Hemos visto en tu registro cardíaco de las últimas dos semanas que has tenido 3.291 bloqueos auriculoventriculares, que han durado un total de un día y seis horas.

—¿Qué quiere decir eso, exactamente? —pregunté. La última vez que tuve una clase de fisiología cardíaca fue hace unos sesenta años, y no pretendo estar al tanto de todos los avances médicos.

—Significa que en los últimos quince días hubo más de tres mil veces en las que los impulsos eléctricos del marcapasos natural de tu aurícula izquierda no llegaron al ventrículo de abajo. Eso produce una pausa hasta que el ventrículo responde, de manera errática, y contrae el corazón por sí solo. Esta pausa implica un riesgo de muerte y hay que tratarla inmediatamente.

Enseguida fui a urgencias, donde un cirujano cardíaco me examinó. Tres horas más tarde, me llevaron al quirófano y me insertaron un marcapasos externo. Veinticuatro horas después me dieron el alta en el hospital.

Ya me han quitado las vendas. Tengo la caja de metal en mi pecho, justo debajo de la clavícula izquierda. Setenta veces por minuto, este dispositivo de metal le ordena a mi corazón que se contraiga, y así seguirá haciéndolo durante los próximos doce años. No se parece a ningún otro dispositivo mecánico que conozca. A diferencia de una linterna que no se enciende, o de un control remoto que no cambia de canal, o de un navegador GPS que no marca el camino, este diminuto dispositivo opera en un nivel máximo de riesgo: si deja de funcionar, mi vida terminará en cuestión de minutos. Me aturde pensar en lo frágil de mi condición mortal. Así que esta es mi situación ahora mismo: Marilyn, mi querida esposa, la persona más importante en mi vida desde los quince años, padece una grave enfermedad, y mi propia vida parece ser peligrosamente frágil. Sin embargo, es curioso; estoy tranquilo, casi sereno.

¿Por qué no estoy aterrorizado? Una y otra vez me hago esta extraña pregunta. Durante gran parte de mi vida, he estado físicamente sano y, sin embargo, de un modo u otro, siempre sufrí angustia ante la muerte. Creo que mi investigación y mis textos sobre este tema, así como mis continuos intentos de brindar alivio a los pacientes que se enfrentan a ella, fueron alimentados por mi propio terror personal. Pero ahora, ¿qué ha pasado con ese terror? ¿De dónde viene esta tranquilidad, justo cuando la hora suprema está mucho más cerca?

A medida que transcurren los días, nuestro calvario pasa a una especie de segundo plano. Marilyn y yo pasamos las mañanas sentados uno al lado del otro en nuestro patio trasero. Admirando los árboles a nuestro alrededor, nos tomamos de la mano y hacemos un recorrido por la memoria. Recordamos nuestros muchos viajes: los dos años en Hawái, cuando yo estaba en el ejército y vivíamos en una playa gloriosa de Kailua; el año sabático en Londres; otros seis meses en que vivimos cerca de Oxford; varios meses en París; otras largas estancias en las Seychelles, Bali, Francia, Austria e Italia.

Después de deleitarnos con estos exquisitos recuerdos, Marilyn me aprieta la mano y dice:

—Irv, no cambiaría nada.

Estoy de acuerdo, de todo corazón.

Ambos sentimos que hemos vivido nuestras vidas con plenitud. De todos los argumentos que he utilizado en mi carrera a la hora de consolar a los pacientes que le temen a la muerte, ninguno ha sido más poderoso que la idea de vivir una vida sin arrepentimientos. Marilyn y yo nos sentimos libres del arrepentimiento: hemos vivido con felicidad y audacia. Tuvimos cuidado de no dejar pasar las oportunidades que la vida nos ofrecía para que la exploráramos, y ahora nos queda poco más que experimentar.

Marilyn entra en casa a dormir la siesta. La quimioterapia le está absorbiendo la energía y normalmente duerme casi todo el día. Yo me recuesto en mi sillón y pienso en los muchos pacientes a los que he visto abrumados por el terror a la muerte, y también en los muchos filósofos que la miraron a los ojos. Hace dos mil años, Séneca dijo: «Un hombre no puede estar preparado para la muerte si acaba de empezar a vivir. Nuestra meta debe ser haber vivido lo suficiente». Nietzsche, el más poderoso creador de frases célebres, dijo: «Vivir con seguridad es peligroso». Me viene a la mente otra frase de Nietzsche: «Muchos mueren demasiado tarde y algunos mueren demasiado pronto. ¡Morir a tiempo!».[1]

Mmm, a tiempo..., el momento está llegando. Tengo casi ochenta y ocho años, y Marilyn ochenta y siete. Nuestros hijos y nietos están prosperando. Me temo que ya escribí todo lo que tenía que escribir. Estoy en proceso de abandonar la práctica de la psiquiatría, y mi esposa está gravemente enferma.

«Morir a tiempo»... Me es difícil sacarme esta idea de la cabeza. Pero enseguida me viene a la mente otra frase nietzscheana: «Todo lo que se ha realizado, todo lo que está maduro, ¡quiere morir! [...] Pero todo lo que no está maduro quiere vivir [...]. Pero todo lo que sufre quiere vivir para madurar, para llegar a estar alegre y pleno de deseos de lo más lejano, de lo más alto, de lo más claro».[2]

Sí, todo esto también está llegando. Madurez, eso encaja. La madurez es exactamente lo que tanto Marilyn como yo estamos experimentando ahora.

Mis pensamientos sobre la muerte se remontan a mi primera infancia. Recuerdo que, cuando era joven, me embriagaba el poema de e. e. cummings, «Buffalo Bill / difunto», que me recitaba a mí mismo dando vueltas en bicicleta:

1. Friedrich Nietzsche, *Así habló Zaratustra*. Traducción de Carlos Vergara, primera edición en libro electrónico (epub), Madrid, Editorial EDAF, 2010.
2. *Ibid.*

Buffalo Bill
difunto
  él
  que montaba un semental
  de fluida plata
y abatía unadostrescuatrocinco
palomasenuntrís
        Jesús
era un hombre excelente
                y lo que yo quisiera saber
es si le gusta su muchacho de ojos azules
Señor Muerte.[3]

Estuve presente, o casi presente, cuando murieron mis padres. Él estaba sentado, a mi lado, como a un metro, cuando vi que su cabeza se inclinaba repentinamente, sus ojos fijos a la izquierda, mirando hacia mí. Yo había terminado la carrera de Medicina un mes antes. Saqué una jeringuilla de la maleta de mi cuñado médico y le inyecté adrenalina en el corazón. Pero era demasiado tarde: había muerto de un derrame cerebral grave.

Diez años después, mi hermana y yo estábamos con mi madre en el hospital: había ingresado por una fractura de fémur. Nos sentamos con ella y hablamos durante un par de horas, hasta que la llevaron al quirófano. Salimos a caminar y cuando regresa-

3. e. e. cummings, *El uno y el innumerable quién*. Traducción y notas de Ulalume González de León, primera edición, Ciudad de México, Universidad Autónoma de México, 1979 (Material de Lectura. Serie Poesía Moderna, 28).

mos su cama estaba completamente deshecha. Vacía. Solo quedaba el colchón. Nos habíamos quedado sin madre.

Son las ocho y media de la mañana del sábado. Mi día hasta ahora: me he despertado alrededor de las siete de la mañana y, como siempre, he tomado un desayuno frugal y he caminado los cincuenta metros que separan mi casa de mi consultorio, donde he encendido mi ordenador y he revisado mi correo electrónico. El primero dice:

> Mi nombre es M. y soy estudiante, vengo de Irán. Recibía tratamiento por mis ataques de pánico hasta que mi médico me enseñó sus libros y me sugirió que leyera *Psicoterapia existencial*. Al leerlo, sentí que había encontrado la respuesta a muchas preguntas a las que me había enfrentado desde mi infancia, y de que lo tenía a usted a mi lado mientras leía cada página. Son miedos y vacilaciones que nadie más que usted ha podido describir. Leo sus libros todos los días, y ahora ya he pasado varios meses sin ningún ataque. Tengo tanta suerte de haberlo encontrado, justo cuando no tenía esperanzas de continuar con mi vida. Leer sus libros me da esperanzas. Realmente no sé cómo agradecérselo.

Se me llenan los ojos de lágrimas. Cartas como esta llegan todos los días, generalmente de treinta a cuarenta por día, y me siento un afortunado por tener la oportunidad de ayudar a tanta gente. Pero justamente debido a que el correo electrónico llega de Irán, un país con el que mi nación está enfrentada, su impacto es más fuerte. Siento que formo parte de una liga universal de personas que solo intentan ayudar a la humanidad.

Le respondo:

> Me alegra mucho que mis libros hayan sido importantes y útiles para ti. Esperemos que algún día nuestros dos países recuperen el sentido común y la compasión el uno por el otro.
> Mis mejores deseos para ti.
>
> IRV YALOM

Siempre me conmueven las cartas de mis fans, aunque a veces también me abruman con su número. Intento responder a todas, teniendo cuidado de mencionar a cada remitente por su nombre, para que sepan que los he leído. Guardo estos correos en una lista etiquetada como «fans», que comencé hace unos años y que ya tiene varios miles de entradas. También marco esta carta con una estrella: tengo pensado volver a leer las cartas marcadas con una estrella algún día en el futuro, cuando mi ánimo esté muy bajo y necesite que me lo refuercen.

Ahora son las diez de la mañana y salgo de mi consultorio. Desde fuera, se ve la ventana de nuestro dormitorio: compruebo que Marilyn está despierta y ya ha abierto las cortinas. Todavía está muy débil por la quimioterapia de hace tres días y me doy prisa en volver para prepararle el desayuno. Pero ya ha tomado zumo de manzana y no le apetece nada más. Se acuesta en el sofá de la sala de estar y disfruta de la vista de los robles de nuestro jardín.

Como siempre, le pregunto qué tal se siente. Como siempre, responde con franqueza:

—Me siento fatal. No puedo expresarlo con palabras. Estoy como lejos de todo... Tengo sensaciones terribles. Si no fuera por ti, no estaría viva... Ya no quiero vivir más... Lamento mucho seguir diciéndote esto. Sé que lo digo una y otra vez.

La he oído hablar así a diario durante varias semanas. Me siento abatido e impotente. Nada me produce más dolor que su dolor: cada semana recibe una dosis de quimioterapia que la deja con náuseas, dolor de cabeza y mucha fatiga. Se siente desconectada de su cuerpo, de todo y de todos, de una forma inefable. Muchos pacientes que reciben quimioterapia se refieren a esta extraña sensación como «quimiocerebro». La animo a caminar aunque solo sea treinta metros hasta el buzón, pero, como de costumbre, me dice que no. Entonces pongo su mano entre las mías e intento consolarla de todas las formas que conozco.

Hoy, cuando vuelve a manifestar su falta de voluntad para seguir viviendo así, le respondo de otra manera:

—Marilyn, ya hemos hablado varias veces sobre la ley de California que les reconoce a los médicos el derecho de ayudar a los pacientes a terminar con su vida si sufren mucho de una enfermedad mortal que sea intratable. ¿Recuerdas que eso hizo nuestra amiga Alexandra? Has dicho tantas veces durante los últimos meses que te mantienes con vida solo para mí y que te preocupas por cómo sobreviviré sin ti. He estado pensando mucho en eso. Anoche en la cama estuve despierto durante horas reflexionando sobre ello. Quiero que oigas esto. Escúchame: sobreviviré a tu muerte. Puedo seguir viviendo, es probable que no sea mucho tiempo, teniendo en cuenta la cajita de metal en mi pecho. No puedo negar que te echaré de menos todos los días de mi vida..., pero puedo seguir viviendo. Ya no me aterroriza la muerte..., no como antes.

»¿Recuerdas cómo me sentí después de mi cirugía de rodilla, cuando tuve un derrame cerebral que me hizo perder el equilibrio de manera permanente y me obligó a caminar con bastón o andador? ¿Recuerdas lo miserable que me sentía y lo deprimido que estaba? Lo suficiente para enviarme de vuelta a terapia. Bueno, ahora sabes que ya pasó. Ahora estoy más tranquilo, ya no estoy atormentado, incluso duermo bastante bien.

»Lo que quiero que sepas es esto: puedo sobrevivir a tu muerte. Lo que no puedo soportar es la idea de que estés viviendo con tanto dolor, tanta agonía por mi culpa.

Marilyn me mira profundamente a los ojos. Esta vez mis palabras le han hecho mella. Nos sentamos juntos, cogidos de la mano, durante un largo rato. Otra frase de Nietzsche pasa por mi mente: «El pensamiento del suicidio es un poderoso consuelo:

ayuda a sentirse confortado más de una mala noche».[4] Pero me la guardo para mí.

Marilyn cierra los ojos por un instante y asiente:

—Gracias por decírmelo. Nunca me lo habías dicho antes. Es un alivio... Sé que estos meses han sido
una pesadilla para ti. Tuviste que encargarte de todo:
hacer las compras, cocinar, llevarme al médico o a la
clínica y esperarme durante horas, vestirme, llamar
a mis amigos. Sé que estás agotado. Pero sin embargo, en este momento, pareces sentirte bien. Pareces
tan equilibrado, tan firme. Me has dicho varias veces
que, si pudieras, te llevarías mi enfermedad contigo.
Y sé que lo harías. Siempre me has cuidado, y siempre lo has hecho con amor, pero últimamente estás
distinto.

—¿Cómo?

—Es difícil de describir. Pero pareces estar en
paz. Tranquilo. ¿Por qué? ¿Cómo lo logras?

—Esa es la gran pregunta. Yo mismo no lo sé, pero
tengo una corazonada, y no tiene que ver con mi amor
por ti. Sabes que te he amado desde que nos conocimos, cuando éramos adolescentes. Se trata de otra cosa.

—Dime. —Marilyn ahora se sienta y me mira
fijamente.

—Creo que es esto. —Toco la caja de metal en
mi pecho.

—¿Te refieres a tu corazón? Pero ¿por qué la tranquilidad?

4. Friedrich Nietzsche, *Más allá del bien y el mal*. Traducción de Enrique Eidelstein, segunda edición, Barcelona, Ediciones Brontes, 2019 (Fontana).

—Esta caja que siempre estoy tocando me recuerda que moriré de un problema cardíaco; lo más seguro es que sea de repente y rápido. No moriré como murió John, o como todos los demás que vimos padecer demencia senil.

Marilyn asiente. Me entiende. John era un amigo cercano, que tuvo demencia grave y murió hace poco en una residencia para ancianos de la zona. La última vez que lo visité no me reconoció, ni a mí ni a nadie más: simplemente se quedó quieto, gritando y gritando durante horas. No pude borrar esta imagen de mi memoria: es mi pesadilla de la muerte.

—Gracias a lo que tengo en el pecho —le digo, tocando mi caja de metal—, creo que moriré con rapidez, como mi padre.

Capítulo 2

QUEDAR INVÁLIDA

Mayo

Soy Marilyn Yalom, y aquí estoy, como todos los días, acostada en el sofá de la sala de estar, mirando a través de los ventanales los robles y abetos que tenemos en nuestra casa. Ahora es primavera, y ya he visto cómo han vuelto a salir las hojas verdes en nuestro magnífico roble de los valles. Y antes de eso, he visto un búho posado en el abeto que está entre la parte delantera de nuestra casa y el consultorio de Irv. También veo un tramo del huerto, donde nuestro hijo Reid plantó tomates, habas, pepinos y calabazas. Me dijo que piense en las verduras, que van a estar maduras para el verano, cuando yo supuestamente esté «mejor».

Durante los últimos meses, desde que me diagnosticaron el mieloma múltiple, me han recetado medicamentos fuertes, y tras mi un accidente cerebrovascular me hospitalizaron; me he sentido en general muy mal. Tras la quimioterapia semanal sigue una implacable sucesión de días con náuseas y otras formas de sufrimiento corporal, cuya descripción evitaré a mis lectores. Me siento exhausta la mayor parte del tiempo, como si tuviera algodón en la cabeza o un velo de niebla alrededor que me separara del resto del mundo.

Varias de mis amigas han tenido cáncer de mama, y justo ahora estoy empezando a entender todo por lo que tuvieron que pasar para combatir su enfermedad. La quimioterapia, la radiación, la cirugía y los grupos de apoyo forman parte de su vida cotidiana en cuanto pacientes con cáncer de mama. Hace veinticinco años, cuando escribí *Historia del pecho*, todavía se pensaba que el cáncer de mama era una enfermedad «terminal». Hoy los médicos la consideran una enfermedad «crónica» que puede tratarse y detenerse. Envidio a las pacientes con cáncer de mama, porque cuando entran en remisión pueden suspender la quimioterapia. Los pacientes con mieloma múltiple requieren, en general, de un tratamiento continuado, aunque con menos frecuencia que las inyecciones semanales que soporto ahora. Una y otra vez me sigo preguntando: «¿Vale la pena?».

Tengo ochenta y siete años. Es una edad propicia para morir. Cuando miro las columnas de obituarios en el *San Francisco Chronicle* y el *New York Times*, observo que la mayoría de las personas que mueren tienen ochenta años o menos. La esperanza de vida media en los Estados Unidos es de setenta y nueve años. Incluso en Japón, que tiene el récord de longevidad más alto del mundo, la esperanza de vida media de las mujeres es de 87,32 años. Después de la larga y satisfactoria vida que he compartido con Irv, y de la buena salud de la que he disfrutado la mayor parte de mi vida, ¿por qué debería querer convivir ahora con las miserias y la desesperación?

La respuesta más sencilla es que no hay una manera fácil de morir. Si rechazo el tratamiento, moriré dolorosamente de mieloma múltiple más temprano que tarde. En California, la muerte asistida médicamente es legal. Podría, cuando me estuviese acercando al final, pedir el suicidio asistido.

Pero hay otra respuesta más complicada a la pregunta de si debería seguir con vida. A lo largo de esta etapa de dolor tan intenso me he vuelto más consciente de que mi vida está muy conectada con la de los demás: no solo con mi esposo y mis hijos, sino también con los muchos amigos que continúan apoyándome en este momento de necesidad. Estos amigos me han escrito numerosos mensajes de aliento, me han traído comida a casa, me han enviado flores y plantas. Una vieja amiga de la universidad me envió una bata muy suave y esponjosa, otra me tejió un chal de lana. Una y otra vez, me doy cuenta de lo afortunada que soy por tener amigos así, además de los miembros de mi familia. En última instancia, he llegado a la conclusión de que una se mantiene viva no solo para sí misma, sino también para los demás. Aunque esto pueda ser una constatación de sentido común, solo ahora me percato por completo de todo lo que representa.

Debido a mi relación con el Institute for Research on Women (que dirigí oficialmente entre 1976 y 1987), tengo el apoyo de una red de mujeres académicas, y muchas de ellas se han convertido en mis amigas más cercanas. Durante quince años, de 2004 a 2019, dirigí un taller literario para escritoras del área de la bahía de San Francisco, primero en mi casa en Palo Alto y luego en un apartamento en la propia ciudad de San Francisco, lo que sumó a varias personas a mi círculo de amistades. Además, como exprofesora de francés, pasé un tiempo en Francia y también en otros países europeos siempre que pude. Sí, he estado en un lugar envidiable, lo que me ha brindado la oportunidad de establecer amistades así. Me reconforta pensar que mi vida, y mi muerte, son importantes para mis amigos de todo el mundo, los que tengo repartidos por todo el planeta: Francia, Cambridge, Nueva York, Dallas, Hawái, Grecia, Suiza y California.

Por fortuna para nosotros, nuestros cuatro hijos, Eve, Reid, Victor y Ben, viven en California, tres de ellos en el área de la bahía de San Francisco y el cuarto en San Diego. En estos últimos meses han estado muy presentes en nuestras vidas; han pasado algunos días en casa, cocinando y levantándonos el ánimo. Eve, que es médica, me ha traído gomitas de marihuana medicinal; cada noche como medio caramelo, antes de la cena, para contrarrestar las náuseas y abrirme el apetito. Parecen funcionar mejor que cualquiera de los otros medicamentos y no tienen efectos secundarios notables.

Lenore, nuestra nieta de Japón, este año ha estado viviendo con nosotros y trabajando en una *startup* de biotecnología en Silicon Valley. Al principio pude ayudarla a adaptarse a la vida estadounidense; ahora es ella quien me ha estado cuidando a mí.

Nos ayuda con los problemas del ordenador y la televisión, y ha incorporado la cocina japonesa a nuestra dieta. La echaremos mucho de menos cuando se marche a la escuela de posgrado, en la Northwestern University, dentro de unos meses.

Pero, sobre todo, es Irv quien me ha dado más apoyo. Ha sido el más cariñoso de los cuidadores: paciente, comprensivo, decidido a aliviar mi desdicha. Hace cinco meses que no conduzco nuestro coche y, cuando nuestros hijos no están de visita, Irv hace todas las compras relacionadas con la comida y además cocina. Me lleva de ida y vuelta a las citas médicas, y se queda conmigo durante la quimioterapia, que dura varias horas. Averigua qué podemos ver en la televisión por la noche y se sienta conmigo a mirar programas que están lejos de ser su primera elección. No digo todo esto para halagarlo o hacer que mis lectores piensen que es un santo. Es simplemente la verdad sin adornos, tal como la he experimentado.

A menudo, comparo mi situación con la de los pacientes que no tienen una pareja o un amigo amoroso que los cuide, y que tienen que hacerse cargo de sí mismos al someterse al tratamiento. Hace unos días, cuando estaba en el Centro de Infusiones de Stanford, esperando mi sesión de quimioterapia, una mujer sentada a mi lado me dijo que estaba sola en la vida, pero que había encontrado apoyo en la fe cristiana. Aunque tiene que pasar las visitas sin nadie a su lado, siente la presencia de Dios cerca de ella en todo momento. Yo no soy creyente, pero me alegré por ella. De la misma forma que me reconforta cuando un amigo me dice que está rezando por mí. Vida, mi amiga bahaí, reza por mí todos los días. Si existe un Dios, las fervientes oraciones de Vida seguro que son escuchadas. Otros amigos, católicos, protestantes, judíos y musulmanes, también me han escrito para decirme que estoy en sus oraciones. La escritora Gail Sheehy me conmovió hasta las lágrimas cuando me escribió:

«Rezaré por ti e imaginaré que Dios te sostiene en Su mano. Eres lo bastante pequeña como para acomodarte en su palma».

Irv y yo, que somos culturalmente judíos, no creemos en ninguna forma de conciencia después de la muerte. Sin embargo, estas palabras de la Biblia hebrea me dan aliento: «Aun si anduviere yo por el valle de la sombra de la muerte, no temeré mal alguno» (Salmos, 23). Estas palabras se me quedaron grabadas, entre otras más procedentes de fuentes religiosas y no religiosas que me dediqué a memorizar hace mucho tiempo.

¿Dónde está, muerte, tu victoria? ¿Dónde está tu aguijón?[1]

Lo peor es la muerte, y la muerte tendrá su día.[2]

---

1. Corintios 1. *El libro del pueblo de Dios. La biblia*. Traducción argentina, Ciudad del Vaticano, Librería Editrice Vaticana, 1990.
2. William Shakespeare, *El rey Ricardo II*. Traducción de Luis Astrana Marín, Calpe, Madrid, 1923.

Y también está «El bullicio de una casa», esos hermosos versos de Emily Dickinson:

Se barre el corazón
y se destierra el amor,
al que no querremos acostumbrar de nuevo hasta
que alcancemos la eternidad.[3]

Todas estas frases poéticas, tan conocidas, adquieren un nuevo significado en mi situación actual, mientras me acuesto en el sofá y reflexiono. Ciertamente no puedo seguir el consejo de Dylan Thomas: «Rabia, rabia contra la agonía de la luz».[4] No me queda suficiente fuerza vital para eso. Me siento más en contacto con algunas de las inscripciones que mi hijo Reid y yo encontramos cuando estábamos fotografiando lápidas de cementerio para nuestro libro de 2008, *The American Resting Place*. Una que está fresca en mi mente: «Vivir en los corazones que dejamos atrás no es morir». Vivir en los corazones que dejamos atrás, o, como dice Irv con tanta frecuencia, «influir» en la vida de quienes nos han conocido personalmente o mediante nuestros escritos, o seguir el consejo de san Pablo cuando escribió:

«Aunque tuviera toda la fe, una fe capaz de

---

3. Emily Dickinson, *¿Quién mora en estas oscuridades?* Traducción de Hernán Vargascarreño, edición bilingüe, Santa Marta, Exilio-Mesosaurus, 2007.
4. Dylan Thomas, *Muertes y entradas [1934-1953]*. Traducción de Niall Binns y Vanesa Pérez-Sauquillo, edición bilingüe, Madrid, Huerga y Fierro Editores, 2003 (Signos).

trasladar montañas, si no tengo amor, no soy nada».[5]

Siempre vale la pena releer la interpretación paulina sobre la primacía del amor, ya que nos recuerda que el amor, en el sentido de ser bondadosos con los demás y compasivos con su sufrimiento, supera a todas las demás virtudes. (La feminista que hay en mí siempre se sorprende cuando leo lo que sigue en la Primera Carta a los Corintios: que las mujeres deben permanecer «calladas en las asambleas: a ellas no les está permitido hablar» y que «si necesitan alguna aclaración, que le pregunten al marido en su casa, porque no está bien que la mujer hable en las asambleas».[6] Cuando leo esto, me río para mis adentros, recordando los magníficos sermones de la reverenda Jane Shaw en la capilla de Stanford.)

Henry James ha revisado las palabras de Pablo sobre el amor en una fórmula inteligente:

Hay tres cosas importantes en la vida: la primera, ser amable; la segunda, serlo siempre, y la tercera, nunca dejar de serlo.[7]

5. Corintios 1, 13. *El libro del pueblo de Dios. La biblia, op. cit.*

6. *Ibid.*

7. Traducción citada en Juan Jesús Priego, *Devuélveme la alegría. En los alrededores del misterio del mal.* San Luis Potosí, Editorial Universitaria Potosina, 2001.

Me gustaría adherirme a esta idea aun estando angustiada por mi situación personal.

Conozco a muchas mujeres que se enfrentaron valientemente a su muerte o a la muerte de sus cónyuges. En febrero de 1954, cuando volví de Wellesley College a Washington D. C. para el funeral de mi padre, las primeras palabras de mi afligida madre fueron: «Tienes que ser muy valiente». Mi madre siempre fue un modelo de bondad, su preocupación por sus hijas era primordial cuando estaba enterrando al hombre con el que había estado casada veintisiete años. Papá tenía solo cincuenta y cuatro años y había muerto repentinamente de un ataque al corazón mientras practicaba pesca mayor en Florida.

Varios años después, mi madre se volvió a casar. ¡En total terminó siendo esposa y luego viuda de cuatro maridos! Vivió para conocer a sus nietos e incluso a algunos de sus bisnietos. Después de mudarse a California para estar más cerca de nosotros, murió en paz con noventa y dos años y medio. Siempre di por sentado que moriría a la misma edad que ella, pero ahora sé que no llegaré a los noventa.

Una de mis amigas más cercanas, Susan Bell, casi llegó a los noventa. Susan había escapado de la muerte más de una vez en su vida: había huido de la ocupación nazi de Checoslovaquia en 1939, acompañando a su madre a Londres y dejando atrás a un padre que murió en el campo de concentración de Terezín. Sus padres y ella se habían bautizado por el rito luterano, pero los nazis consideraban que los cuatro abuelos judíos de Susan eran razón suficiente para perseguirlos y matar a su padre.

Unas semanas antes de morir, Susan me dio un regalo precioso: su tetera de plata inglesa del siglo XIX. Años atrás, el té de esa tetera nos había mantenido despiertas mientras trabajábamos en nuestro libro de 1990, *Revealing Lives*, una colección de artículos sobre autobiografía, biografía y género. Susan había sido pionera en el desarrollo del campo de la historia de las mujeres y continuó ese trabajo como académica del Clayman Institute de Stanford hasta el final de su vida. Murió súbitamente en julio de 2015, en la piscina, con ochenta y nueve años y medio.

Pero, quizá más que nadie, Diane Middlebrook es mi modelo cuando pienso en cómo debería comportarme en los próximos meses. Diane, profesora de Inglés en Stanford y prestigiosa biógrafa de los poetas Anne Sexton, Sylvia Plath y Ted Hughes, fue una amiga íntima durante más de veinticinco años, hasta su prematura muerte por cáncer en 2007. Cuando la vi en el hospital poco antes de morir, nos recibió a Irv y a mí con amabilidad, nos comunicó su amor y nos dio un beso de despedida. Noté el respeto con que se dirigía a las enfermeras cuando entraban y salían de la habitación. Diane tenía solo sesenta y ocho años cuando nos dejó.

Hay una persona más cuyo declive físico y posterior muerte me ha afectado mucho: el destacado erudito francés René Girard. René había sido mi director de tesis a finales de los años cincuenta y principios de los sesenta en Johns Hopkins, pero, en realidad, no llegué a conocerlo como un colega próximo y amigo hasta que se instaló en Stanford con su esposa Martha, décadas después. Entonces establecí una nueva conexión con él, que duró hasta su muerte en 2015.

Es raro, pero la conexión fue más fuerte durante sus últimos años, cuando ya no podía hablar debido a una serie de derrames cerebrales. En lugar de hablar, me sentaba a su lado, le cogía la mano y lo miraba a los ojos. Siempre parecía disfrutar de los tarros de mermelada de damascos que le llevaba.

La última vez que nos vimos, vio por la ventana un conejo corriendo y gritó, en francés: *un lapin!* De alguna manera, esas palabras surgieron a pesar del daño cerebral que le había bloqueado el habla. Cuando tuve un accidente cerebrovascular y por unos minutos perdí el habla, pensé en René de inmediato. Es una experiencia tan extraña tener pensamientos en el cerebro que no puedes convertir en un discurso hablado.

Estoy realmente agradecida por haber recuperado el habla con tanta rapidez, sin ninguna secuela evidente. No recuerdo ningún momento de mi vida en el que no disfrutara hablando. Cuando tenía cuatro o cinco años, mi madre me llevó a clases de oratoria en las que le hacíamos una reverencia a la señorita Betty y recitábamos poemas para un público formado por otros niños y sus orgullosas madres. Desde entonces, a lo largo de mi vida me ha gustado hablar en público, además de tener conversaciones en privado.

Pero hoy en día una charla extensa me agota por completo. Me limito a tener diálogos de media hora con los amigos que pasan por casa. Incluso una llamada telefónica prolongada me cansa.

Cuando me desespero por culpa de mi enfermedad, trato de recordar las razones por las que debería estar agradecida.

Todavía puedo hablar, leer, responder los correos electrónicos, estoy rodeada de gente cariñosa en un hogar cómodo y agradable. Existe la esperanza de que los tratamientos de quimioterapia se reduzcan en intensidad y frecuencia, y de que pueda vivir una vida casi normal otra vez, aunque ahora mismo no creo que ese vaya a ser el caso. Estoy tratando de resignarme a la vida de una persona inválida, o al menos a la vida de una convaleciente, como, de manera educada, era común referirse antiguamente a las personas como yo.

Capítulo 3

CONCIENCIA DE LA FUGACIDAD

Mayo

Tres amigos muy cercanos, Herb Kotz, Larry Zaroff y Oscar Dodek, han muerto en los últimos años. Los conocí a los tres entre la secundaria y la universidad. Los tres fueron mis compañeros de mesa de disección en la clase de Anatomía, durante el primer año de la Escuela de Medicina. Permanecimos unidos toda la vida. Ahora los tres se han ido, y me he convertido en el único poseedor de los recuerdos de nuestro tiempo juntos. Aunque los primeros momentos que compartimos cuando éramos estudiantes fueron hace más de sesenta años, todavía son recuerdos vívidos y palpables. De hecho, tengo la extraña sensación de que si abro la puerta correcta y miro a través de ella, por un milagro veré que allí estamos los cuatro, en carne y hueso, a la vista de todos, cortando afanosos tendones y arterias, bromeando entre nosotros, y mi amigo Larry —que a esas alturas ya habrá decidido convertirse en cirujano— estará observando mi descuidada disección y comentando que mi decisión de convertirme en psiquiatra será una bendición para el mundo de la cirugía.

Tengo grabado en la memoria un recuerdo en concreto de nuestro curso de Anatomía. Se trata de un desagradable incidente que ocurrió el día en que íbamos a comenzar la extracción y disección de un cerebro. Al levantar la cubierta de plástico negro de nuestro cadáver, vimos una gran cucaracha dentro de una de las cuencas oculares. A todos nos dio asco, a mí más que al resto, porque había crecido aterrorizado por las cucarachas, que a menudo se escurrían por el suelo de la tienda de mi padre y en nuestro apartamento, en el piso de arriba.

Después de volver a colocar rápidamente la lona negra, convencí al resto de que no hiciéramos la disección ese día. De que jugáramos un rato al *bridge*. Los cuatro jugábamos a menudo al *bridge* en el almuerzo, y las siguientes dos semanas las pasamos jugando al *bridge* en lugar de asistir al laboratorio de Anatomía. Aunque mejoré como jugador de *bridge*, me avergüenza admitir que yo, que he estado toda la vida estudiando la mente humana, ¡me salté la disección del cerebro!

Pero lo verdaderamente inquietante es que estos sucesos vívidos, tangibles y cargados de emociones existen solo en mi mente. Sí, sí, por supuesto que eso es obvio, lo sabe todo el mundo. Sin embargo, en el fondo, de alguna manera nunca fui consciente de ello, nunca tuve conciencia de que nadie más que yo puede abrir la puerta que conduce al espacio que contiene estas escenas. No hay puerta, no hay espacio, no hay disección en curso. Mi mundo pasado existe solo en las neuronas de mi cerebro. Cuando yo también muera, puf, todo se evaporará, estos recuerdos se desvanecerán para siempre. Cuando pienso de verdad en esto, cuando acepto que eso es un hecho definitivo, siento que el suelo se hunde bajo mis pies.

¡Pero esperen! Mientras examino una vez más el recuerdo de nuestra partida de *bridge* en la parte trasera de la sala de conferencias vacía, de repente me percato de que algo anda mal. ¡Tengan en cuenta que esto ocurrió hace más de sesenta y cinco años! Cualquiera que haya intentado escribir un libro de memorias entiende que nuestros recuerdos forman una entidad voluble y elusiva. Me doy cuenta de que uno de nuestros cuatro jugadores de *bridge*, Larry Zaroff, era un estudiante tan concienzudo y comprometido con su vocación de cirujano que no había manera de que se saltara una clase de disección de Anatomía para jugar al *bridge*. Cierro los ojos con fuerza, tratando de afinar los recuerdos, y de repente advierto que en la partida de *bridge* estábamos Herb, Oscar, yo, y también Larry, pero no Larry Zaroff. Era otro Larry, un estudiante que se llamaba Larry Eanet. Luego recuerdo que nuestro equipo de disección estaba formado por seis estudiantes: por alguna razón había habido una gran escasez de cadáveres ese año y seis estudiantes, en lugar de cuatro, habíamos sido asignados a la misma mesa.

Recuerdo bien a mi amigo, Larry Eanet, también: era un pianista muy hábil que tocaba en todos nuestros eventos de la secundaria y que soñaba con convertirse en músico profesional. Sin embargo, sus padres, inmigrantes como el mío, lo presionaron para que fuera a la Escuela de Medicina. Larry era un hombre encantador y, aunque yo no tenía oído, siempre se esforzaba por despertar mi sensibilidad musical. Poco antes de comenzar la Escuela de Medicina, me llevó a una tienda de discos y seleccionó seis excelentes grabaciones de música clásica para que las comprara. Una y otra vez escuché esos discos durante todo el año mientras estudiaba, pero, lamentablemente, me avergüenza decir que tenía grandes dificultades para diferenciar unos de otros.

Larry optó por estudiar Dermatología, porque creía que era la especialidad que le daría más libertad para seguir su carrera musical. Más tarde tocó el piano para músicos como Dizzy Gillespie, Stan Getz y Cab Calloway.

¡Qué maravilloso sería recordar el pasado con Larry! Decido contactar con él, pero cuando lo busco en Google, me entero de que, por desgracia, él también murió, hace diez años. ¡Oh, cómo habría sonreído al leer el título de su obituario en el *Washington Post*: «Pianista de jazz virtuoso que, en sus ratos libres, trabajaba como médico»!

El sexto alumno de nuestro equipo era Elton Herman, a quien conocí durante la licenciatura: un estudiante inteligente, dulce y muy agradable, un muchacho torpe, propenso a usar pantalones de pana en clase.

¿Cómo estará Elton? ¿Dónde vivirá? Siempre me cayó bien, y me hubiera gustado volver a oír su voz.

Pero al buscarlo en internet descubro que él también está muerto. Ya lleva ocho años muerto. ¡Mis cinco compañeros, todos muertos! Mi cabeza comienza a dar vueltas. Cierro los ojos, me concentro en el pasado y, por un momento, veo el grupo entero, todos juntos, abrazados a la altura de los hombros. Los seis éramos tan fuertes... y estábamos tan ilusionados con el futuro, tan convencidos del éxito que íbamos a tener... Seis estudiantes inteligentes y destacados que comenzaban la Escuela de Medicina juntos. Todos tan consagrados al estudio, tan llenos de sueños de éxito. Y sin embargo cinco de nosotros, todos menos yo, ya están muertos y enterrados. No queda de ellos nada más que huesos secos. De los seis, soy el único que todavía camina sobre la tierra. Tiemblo al pensar en esto. ¿Por qué los he sobrevivido? Por pura suerte. Me siento afortunado por respirar, pensar, oler y coger de la mano a mi esposa. Pero me siento solo. Los echo de menos. Se acerca mi hora.

Esta historia tuvo una segunda vida, por decirlo así. En dos ocasiones, se la he contado a mis pacientes con excelentes efectos. Una de estas ocasiones fue con una mujer que, en los dos meses anteriores, había perdido a su esposo y a su padre, las dos personas más próximas a ella. Dijo que ya había consultado con dos terapeutas, pero que ambos parecían tan distantes y desinteresados que no podía establecer conexión con ninguno de ellos. Empecé a imaginar que pronto sentiría lo mismo conmigo. De hecho, durante la consulta parecía congelada, embotada, casi inaccesible. Sentí que había un enorme abismo entre los dos y, obviamente, ella compartía el sentimiento. Hacia el final de nuestra hora comentó:

—Durante semanas he tenido la sensación de que todo es irreal y de que estoy completamente sola. Me siento como si estuviera viajando en un tren a alguna parte y los asientos estuvieran todos vacíos: no hay otros pasajeros.

—Sé con exactitud lo que sientes —le respondí—. Hace poco tuve una experiencia similar.

Entonces pasé a contarle la historia de mis cinco compañeros de la Escuela de Medicina que había perdido, y de cómo mi sentido de la realidad se había visto afectado.

Escuchó con atención, inclinándose hacia mí. Las lágrimas recorrían su rostro. Me dijo:

—Sí, sí, lo entiendo. Lo entiendo a la perfección: es justo eso lo que siento. Mis lágrimas son de alegría: después de todo, hay alguien más en el tren. ¿Sabe lo que estaba pensando? Que deberíamos bendecir la vida y disfrutar de la realidad ahora mismo, ahora que todavía es real.

Esas palabras me dejaron estupefacto. Nos mantuvimos en un agradable silencio durante un rato largo.

Un par de semanas después volví a contar la historia. Tenía la última sesión con una paciente a la que había estado viendo una vez por semana durante todo el año. Ella vivía a miles de kilómetros de distancia y las sesiones las hacíamos por ordenador, a través de Zoom. Para nuestro encuentro final, sin embargo, la paciente eligió volar a California para encontrarse conmigo cara a cara por primera vez.

La terapia con ella había sido tempestuosa; yo nunca había satisfecho por completo su deseo de amor y comprensión paternal. Me esforzaba mucho, pero no importaba cuánto le ofreciera, ella se mostraba insatisfecha y me criticaba. Yo ya llevaba años atendiendo pacientes a través de vídeo-plataforma, al punto de llegar a creer que mi terapia por Zoom y mi terapia cara a cara eran igual de efectivas. Pero el trabajo con esta paciente me suscitó algunas dudas. Esta sensación se suavizó cuando me enteré de que ella estaba igual de insatisfecha con dos terapeutas anteriores con quienes había tenido sesiones cara a cara durante periodos de tiempo mucho más largos.

Mientras esperaba a que llegara, me pregunté cómo me sentiría al verla en persona. ¿Sería lo mismo o me sorprendería la diferencia, la extrañeza de verla cara a cara? Nos dimos la mano al saludarnos, con un poco más de intensidad que un apretón ordinario. Era como si tuviéramos que asegurarnos de la materialidad de la otra persona.

Procedí como lo hago generalmente en una sesión final. Había revisado mis notas y me puse a describir mis recuerdos de nuestras primeras sesiones. Repasé algunas de sus razones para contactar conmigo y traté de suscitar una charla sobre lo que habíamos hecho y cómo habíamos trabajado juntos.

Ella estaba poco interesada en mis palabras. Su atención estaba en otra parte.

—Doctor Yalom —me dijo—, he estado pensando... Al principio quedamos en un año de terapia semanal y, según mis cuentas, nos hemos reunido solo cuarenta y seis veces, no cincuenta y dos. Sé que estuve un mes de vacaciones y que usted también estaba de viaje, pero aun así me parece que me debe seis sesiones.

Esto no me alteró de ninguna manera. Habíamos discutido el tema en otras ocasiones, y le recordé que ya habíamos mencionado la fecha de finalización más de una vez. Le respondí:

—Entiendo su comentario, en el sentido de que nuestro trabajo ha sido importante para usted y desea que continuemos. Como le he dicho antes, me produce admiración cuánto ha trabajado y lo tenaz y dedicada que ha sido en todo este tiempo, incluso en momentos en los que ha sufrido mucho dolor. Entonces, me tomaré su solicitud para esas seis sesiones más como una expresión de lo mucho que esto ha significado para usted. ¿Estoy en lo cierto?

—Sí, ha significado mucho para mí, y sabe lo difícil que me resulta decirlo. Y sí, es muy difícil terminar con esto. Sé que tendré que estar satisfecha con la imagen de usted que tengo almacenada en mi cerebro. Sé muy bien que es una imagen que se desvanecerá lentamente. Nada es permanente, todo es insustancial.

Estuvimos callados durante unos instantes y, luego, repetí sus palabras, «todo es insustancial». Continué:

—Sus palabras me recuerdan algo que yo también he estado experimentando. Déjeme contarle algo. —Entonces pasé a contar la historia completa de la muerte de mis cinco compañeros de clase, y de cómo también había estado luchando con el mismo concepto: que todo es insustancial.

Después de terminar, estuvimos en silencio durante un largo rato, pasado el final de la sesión. Y entonces dijo:

—Gracias, Irv, por contarme esa historia. Creo que es un gran regalo que me la haya contado. Un regalo tremendo. —Mientras nos poníamos de pie, agregó—: Me gustaría un abrazo, uno que pueda llevar conmigo durante mucho tiempo. Un abrazo sustancial.

Capítulo 4

¿POR QUÉ NO NOS MUDAMOS
A UN CENTRO DE VIDA ASISTIDA?

Junio

Hace varios años, Irv y yo consideramos la opción de mudarnos a un centro de vida asistida. El más popular entre la gente de Stanford, si pueden pagarlo, es Vi, ubicado a solo unas manzanas del campus de la universidad. Hay otras dos instituciones de vida asistida en las cercanías, Channing House, en el centro de Palo Alto, y The Sequoias, en un encantador entorno rústico, un poco más lejos. Los tres ofrecen comidas y tienen diferentes niveles de servicio, que van desde la asistencia con tareas diarias hasta los cuidados paliativos. Solíamos pasar buenos ratos yendo a comer a Vi y The Sequoias con amigos que residen allí, y pudimos ver que un centro de este tipo contaba con muchos atractivos. Pero como no teníamos problemas de salud graves en ese momento, nos abstuvimos de tomar una decisión.

Nuestra colega Eleanor Maccoby, la primera mujer titular de la cátedra de Psicología en Stanford, murió en Vi a la edad de ciento un años. Durante más de una década, Maccoby dirigió un debate semanal sobre temas de actualidad en el centro, y en sus últimos años, escribió una notable autobiografía. Fuimos a su funeral, que tuvo una gran asistencia de público, y nos alegró ver a otros amigos aún vivos y que estaban bien.

A veces nos preguntamos: ¿estamos cometiendo un error al no pasarnos al modelo de vida asistida? Sin duda, sería conveniente estar atendidos las veinticuatro horas. Y tener la comida preparada y servida siempre es una bendición. Pero nos disuade la idea de dejar nuestra casa de más de cuarenta años con su verde jardín y sus árboles. No estamos dispuestos a renunciar a esta casa y su entorno, por no mencionar el consultorio donde Irv escribe y todavía recibe a algún que otro paciente.

Por fortuna, disfrutamos de una situación económica que nos permite conservar nuestra casa y hacer los cambios necesarios. Cuando se hizo evidente que tendría dificultades para subir la escalera y llegar a nuestro dormitorio, colocamos una silla eléctrica para escaleras. Ahora subo y bajo como una princesa en una carroza privada.

Pero más que nada, podemos quedarnos en esta casa porque contamos con los servicios continuos de nuestra ama de llaves, Gloria, que lleva con nosotros más de veinticinco años. Gloria nos cuida, además de cuidar la casa. Encuentra nuestras gafas y teléfonos perdidos, limpia después de nuestras comidas, cambia la ropa de cama y riega las plantas. ¿Cuántas personas en Estados Unidos tienen la suerte de contar con alguien como Gloria en sus vidas?

Nuestra «suerte» depende, como es obvio, de nuestra situación económica, pero aun así, es más que eso. Gloria es excepcional. Ha criado a tres hijos y una nieta mientras trabajaba para nosotros y lidiaba con algunos problemas difíciles de la mediana edad, como un divorcio. Hacemos todo lo posible porque su vida sea cómoda, lo que incluye, por supuesto, pagarle un buen salario, seguridad social y vacaciones anuales.

Sí, lo sabemos, pocas personas pueden permitirse el lujo de tener un ama de llaves, al igual que pocos estadounidenses pueden pagar un centro de vida asistida. Un centro de vida asistida, dependiendo de la ubicación y los servicios, ahora puede costar muchos miles de dólares al mes. Adam Gopnik afirma, en un artículo para *The New Yorker* (20 de mayo de 2019), que menos del diez por ciento de los ancianos van a hogares de ancianos o centros de vida asistida, porque la mayoría prefiere quedarse en sus hogares; e incluso si quisieran hacerlo, muchos no tendrían los medios.

Nosotros también hemos optado por permanecer en nuestra casa, pero por razones emocionales más que prácticas. Construimos esta casa durante un periodo de diez años, agregándole nuevas habitaciones sin demasiado plan previo y, en última instancia, creando un espacio habitable y adorable. ¿Cuántas fiestas de cumpleaños, reuniones tras la presentación de un libro, bodas y recepciones hemos celebrado en la sala de estar, fuera, en el patio trasero, o en el jardín delantero? Desde la ventana de nuestro dormitorio del primer piso podemos ver los pájaros que anidan en las ramas de nuestro altísimo roble. Y las otras habitaciones del piso de arriba, ahora sin adolescentes, están disponibles para visitas de niños, nietos y amigos. También invitamos a huéspedes de fuera de la ciudad a quedarse con nosotros cuando están en el área de la bahía de San Francisco.

Y luego están nuestras cosas: muebles, libros, objetos de arte, recuerdos esparcidos por toda la casa. ¿Cómo podríamos agrupar todos estos objetos en un espacio habitable mucho más pequeño? Aunque hemos empezado a regalar algunas cosas a nuestros hijos, sería doloroso vivir sin la mayoría de ellas, ya que cada una tiene una historia que recuerda un momento específico de nuestras vidas y, a menudo, un evento memorable.

Compramos los dos perros japoneses de madera del pasillo en Portobello Road, en Londres, en 1968. Nos íbamos de Inglaterra después de un año sabático y teníamos exactamente treinta y dos libras en nuestra cuenta bancaria británica. Cuando vimos los perros —el macho enseñando los dientes, ¡y la hembra con la boca cerrada!—, sospeché que eran antiguos, y eran preciosos. Le pregunté al vendedor qué sabía de ellos y todo lo que pudo decirnos fue que los había traído alguien que acababa de regresar de Asia. Le ofrecimos las treinta y dos libras que aún estaban en el banco y aceptó. Los enviaron a casa junto con algunas otras compras, y desde entonces han sido una parte muy apreciada de nuestro paisaje hogareño.

Una cabeza egipcia tallada, que una vez tapó un

antiguo vaso canopo que contenía los órganos de una persona muerta (estómago, intestinos, pulmones o hígado), se encuentra encima de un estante en la sala de estar. Lo compramos a un anticuario parisino hace unos treinta y cinco años. El certificado adjunto indica que representa a Amset, uno de los cuatro hijos de Horus, la deidad protectora de Egipto. Me encanta mirar los ojos en forma de pez, perfilados en negro, de esta figura solemne. Aunque Irv y yo nunca viajamos juntos a Egipto, nuestra hija Eve y yo tuvimos el placer de hacerlo hace varios años, con un grupo de viaje de Wellesley. Visitar museos y mezquitas en El Cairo, viajar en barco por el Nilo, ver las pirámides y los templos me despertó un gran interés por el Antiguo Egipto.

En toda la casa, hay recordatorios visuales de nuestra estancia sabática de dos meses en Bali: máscaras, pinturas y telas que evocan un lugar donde la estética es una forma de vida. La gran máscara tallada que cuelga sobre nuestra chimenea tiene ojos saltones, orejeras doradas y una fina lengua roja que sobresale entre dos hileras de dientes amenazantes. Otro objeto balinés, la pequeña talla de madera sobre la puerta al pie de la escalera, es más juguetona: muestra a un dragón alado con la cola en la boca. Arriba hay pinturas en tela de paisajes balineses con pájaros estilizados y follaje. En Bali, a menudo se ve la misma escena representada una y otra vez; para ellos no tiene sentido que una obra de arte deba ser «original». Todos los artistas tienen derecho al mismo material, lo que va constituyendo una especie de mitología visual.

¿Quién querrá todos estos objetos? El hecho de que nos atraigan y guarden nuestros recuerdos no significa que nuestros hijos los deseen. Cuando muramos, las historias que están unidas a cada uno de ellos finalmente desaparecerán. Bueno, quizá no del todo. Todavía poseemos artículos heredados de nuestros padres, a los que conocemos como «la mesa de la abuela» o «el jarrón Wedgwood del tío Morton». Nuestros hijos han crecido con estos objetos a su alrededor, y evocan a sus dueños originales: la madre de Irv, Rivka, que amueblaba su casa en Washington D. C. con artículos de moda de los años cincuenta, y el tío Morton, el esposo de la hermana de Irv, un ferviente coleccionista de monedas, pisapapeles y cerámica Wedgwood. La mesa de juego de la «abuela», una anomalía neobarroca en rojo, negro y dorado que se encuentra en nuestra terraza acristalada, ha sido escenario de las numerosas partidas de ajedrez y pinacle que Irv jugaba con su padre y ahora juega con sus hijos. Cualquiera de nuestros tres hijos se alegrará de tenerla.

Recientemente, la esposa de nuestro hijo Ben, Anisa, mencionó algunas telas bordadas que habíamos enmarcado y colgado en diferentes habitaciones. Le dije que las habíamos encontrado en una feria en China, cuando estuvimos allí en 1987, y que se podían comprar esos tesoros a muy bajo precio. Anisa y Ben tienen un interés particular en las telas, así que les dije que podían quedarse con ellas.

—Pero —agregué— acordaos de decirles a vuestros hijos que Nana y Zeyda las compraron en China hace mucho mucho tiempo.

Nuestro mayor problema sería deshacernos de nuestros libros, que suman entre tres mil y cuatro mil. Están más o menos ordenados por categorías: textos psiquiátricos, estudios de la mujer, francés y alemán, novelas, poesía, filosofía, clásicos, arte, libros de cocina, traducciones extranjeras de nuestras publicaciones. Mirando en cualquier habitación (excepto el comedor), en varios de los armarios se ven libros, libros y más libros. Hemos sido gente de libros toda nuestra vida, y aunque Irv ahora lee principalmente en un iPad, todavía parece que compramos libros de papel de los de siempre. Cada tantos meses enviamos cajas de libros a la biblioteca pública local o a otras organizaciones sin ánimo de lucro, pero eso apenas hace mella en los estantes de pared a pared que cubren la mayoría de las habitaciones.

Hay una sección especial para libros escritos por amigos, varios de los cuales ya no están con nosotros. Quedan recuerdos de nuestra amistad con el poeta, novelista y ensayista británico Alex Comfort, conocido por *El placer del sexo*. Después de sufrir un derrame cerebral, quedó en silla de ruedas y con grandes problemas para mover brazos y piernas, por lo que nos conmovió particularmente la breve dedicatoria que nos escribió, con pulso tembloroso, en un libro de poemas. También tenemos varios libros de Ted Roszak, mi colega en la Universidad Cal State Hayward. Lo recordamos como un historiador y novelista muy original, cuyo libro de 1969, *El nacimiento de una contracultura*, añadió un nuevo término a la lengua inglesa. El análisis de Ted de la «contracultura» nos recuerda las protestas contra la guerra de Vietnam, el movimiento por la libertad de expresión en Berkeley y todos los trastornos políticos que vivimos en la década de 1960. Y están también los libros de los profesores de Stanford Albert Guerard, Joseph Frank y John Felstiner, todos amigos que honraron nuestras vidas durante muchos años y dejaron importantes obras de crítica literaria. Albert era especialista en la novela inglesa; Joe, el principal erudito sobre Dostoievski de su época; y John, el traductor de Pablo Neruda y Paul Celan. ¿Qué hacemos con obras tan preciadas?

Una colección de libros destaca en los estantes de una vitrina: nuestra colección de Dickens. Irv comenzó a recopilar las primeras ediciones y folletines de Dickens cuando estábamos en Londres, entre 1967 y 1968. La mayoría de las obras de Dickens se publicaron en folletines mensuales, que luego se encuadernaban en forma de libro. A lo largo de los años, cada vez que Irv veía un libro de Dickens en alguno de los diversos catálogos que nos llegaban de anticuarios y libreros británicos, verificaba si ya lo teníamos y, de no ser así, y también dependiendo del precio, lo pedía. Todavía no tenemos un buen ejemplar de *Cuento de Navidad* porque su precio siempre ha sido considerable.

Cuando llegaban estos envíos, nuestro hijo menor Ben abría los paquetes con Irv y miraba los grabados incluso antes de saber leer.

—Huele a Dickens —decía apenas veía el paquete. Todos nuestros niños han leído algo de Dickens, pero Ben, que hoy es director de teatro, probablemente sea el que más lo haya leído. Por supuesto, la colección de Dickens es para él. En cuanto al resto de los libros, es difícil incluso regalarlos. ¿Nuestro hijo fotógrafo, Reid, querrá todos los libros de arte? ¿Nuestro hijo psicólogo, Victor, querrá los libros de terapia de Irv? ¿Alguien querrá mis libros de alemán o los de estudios de la mujer? Por fortuna, una buena amiga, Marie-Pierre Ulloa, del departamento de Francés de Stanford, se ha ofrecido a llevarse mi gran colección de libros en francés. Algunos vendedores podrán venir a ver y llevarse las cosas que tienen valor para la reventa, pero el resto de nuestros preciosos libros probablemente quedarán desperdigados a los cuatro vientos.

Por ahora, todavía se encuentran en nuestro hogar y en el consultorio de Irv. Es reconfortante moverse entre objetos familiares durante el último periodo de nuestra vida. Estamos agradecidos por poder quedarnos en casa: nos mudaremos a una residencia de vida asistida o a un hogar de ancianos solo como último recurso.

Capítulo 5

JUBILARSE: EL MOMENTO PRECISO DE LA DECISIÓN

Julio

He estado preparándome durante varios años para jubilarme, probando en pequeñas dosis la vida de una persona ya jubilada. La psicoterapia ha sido el trabajo de mi vida y la idea de dejarla es dolorosa. Di el primer paso hace unos años, al tomar la decisión de informar a todos mis nuevos pacientes, en nuestra primera sesión, que podría atenderlos solo durante un año.

Hay muchas razones por las que odio dejar de ser terapeuta. La principal, porque disfruto mucho ayudando a los demás, y en este momento de mi vida incluso soy bueno haciéndolo. Otra razón, y lo digo con cierta vergüenza, es que echaré de menos escuchar tantas historias. Tengo una sed insaciable de historias personales y, en especial, estoy atento a la hora de encontrar aquellas que luego podré usar en mis clases y en mis escritos. He estado enamorado de las historias desde que era niño: dejando de lado mis años como estudiante de Medicina, siempre leí religiosamente hasta dormirme. Y aunque admiro a los grandes estilistas como Joyce, Nabokov y Banville, es a los narradores consumados —Dickens, Trollope, Hardy, Chéjov, Murakami, Dostoievski, Auster, McEwan— a quienes adoro en realidad.

Permítanme contarles una historia sobre el momento preciso en que supe que era hora de dejar de ser terapeuta.

El 4 de julio, hace un par de semanas, volví a casa después de ir a una celebración por la fiesta nacional que tenía lugar en un parque cercano. Unos minutos antes de las cuatro de la tarde, entré en mi consultorio con la intención de pasar un rato respondiendo mis correos electrónicos. Tan pronto como me senté al escritorio, oí que llamaban a la puerta. Abrí y encontré a una atractiva mujer de mediana edad al otro lado.

—Hola —la saludé—. Soy Irv Yalom. ¿Me estaba buscando?

—Soy Emily. Soy psicoterapeuta, vengo de Escocia; teníamos una cita hoy a las cuatro de la tarde.

Mi corazón se hundió. ¡Una vez más, me había fallado la memoria!

—Por favor, entre —le dije, tratando de no parecer azorado—. Déjeme revisar la agenda. —Abrí la agenda y me sorprendió leer «Emily A.» escrito con letras grandes a las cuatro de la tarde. En todo el día no se me había pasado por la cabeza revisar lo que había apuntado para ese día, porque nunca en mi sano juicio (es decir, si estuviera en mi sano juicio) programaría una sesión con alguien para el día festivo del 4 de julio. El resto de la familia todavía estaba en la fiesta en el parque. Fue por pura casualidad que había vuelto antes y estaba en mi consultorio cuando ella apareció.

—Lo siento mucho, Emily, pero al ser un festivo nacional, es que ni siquiera revisé mi agenda. ¿Ha venido de lejos?

—De bastante lejos. Pero mi esposo tenía que venir a Los Ángeles por trabajo, así que de todos modos habría estado en esta parte del mundo.

Escuchar esto último me dio cierto alivio: al menos no había hecho el largo viaje desde Escocia específicamente para una sesión con alguien que no se había molestado en recordarla. Traté de hacer que se sintiera cómoda y le señalé una silla.

—Por favor, siéntese, Emily, ya estoy con usted para que charlemos, pero le pido que me disculpe unos minutos. Voy a avisar a mi familia para que no me interrumpan.

Volví apresuradamente a casa, a unos treinta metros de distancia, y le dejé una nota a Marilyn para avisarla de la cita inesperada. Me puse los audífonos (que no suelo usar, pero Emily tenía una voz suave) y volví al consultorio. Me senté frente al escritorio y encendí el ordenador.

—Emily, ya casi estoy listo. Solo necesito un par de minutos para volver a leer su mensaje de correo electrónico. —Mientras examinaba el correo tratando en vano de localizar el mensaje de Emily, ella se echó a llorar a pleno pulmón. Me volví para mirarla, y ella me tendió una hoja de papel doblada que sacó de su bolso.

—Aquí está el correo electrónico que busca. Lo

traje porque la última vez que nos vimos, hace cinco años, tampoco pudo encontrar mi correo electrónico.

Continuó llorando aún más fuerte.

Leí la primera frase del mensaje: «Tuvimos sesiones en dos ocasiones durante los últimos diez años (un total de cuatro sesiones), y usted me ha ayudado mucho y...». No pude leer más: Emily ahora comenzó a gemir de viva voz, diciendo una y otra vez:

—Soy invisible, soy invisible. ¡Nos hemos visto cuatro veces y no me reconoce!

Conmocionado por esta situación, guardé el papel y me volví hacia ella. Las lágrimas le corrían por el rostro. En vano buscó un pañuelo en su bolso, después extendió la mano hacia la caja de pañuelos de papel que tengo en la mesa junto a la silla, pero por desgracia estaba vacía, y tuve que ir al baño para traerle el poco papel higiénico que quedaba, rezando para que no necesitara más.

Nos quedamos callados. En ese instante, la realidad se abrió paso. Fue el momento en el que me di cuenta de que no estaba en condiciones de continuar con mi trabajo como terapeuta. Ya tenía la memoria demasiado dañada. Así que dejé a un lado la pose de distanciamiento profesional, apagué el ordenador y le dije:

—Lo siento muchísimo, Emily. ¡Qué pesadilla ha sido esta sesión hasta ahora!

Guardamos silencio durante unos segundos, mientras ella recuperaba la compostura, y yo iba pensando en lo que tenía que hacer.

—Emily, quiero decirle algunas cosas. En primer

lugar, ha recorrido un largo camino hasta aquí, con esperanzas y expectativas acerca de nuestra sesión, y estoy dispuesto a pasar la próxima hora con usted y ayudarla en todo lo que pueda. Pero como ya le he causado tanta angustia, no puedo aceptar ningún honorario por nuestra sesión de hoy. En segundo lugar, quiero ocuparme de su sensación de ser invisible. Por favor, escuche con atención lo que voy a decirle: que no la haya reconocido no tiene nada que ver con usted. Déjeme contarle algunas cosas sobre mi vida ahora mismo.

Emily dejó de llorar, se secó los ojos y se inclinó hacia delante en su silla, muy atenta.

—Primero, debo decirle que mi mujer, con la que me casé hace sesenta y cinco años, está gravemente enferma, de cáncer, y se está sometiendo a una quimioterapia muy difícil. Estoy muy conmocionado por eso y mi capacidad de concentración en mi trabajo se ve afectada. También quiero decirle que hace poco me he estado preguntando si mi memoria no está ya demasiado deteriorada para seguir ejerciendo como terapeuta.

Mientras hablaba, dudaba de mí mismo: lo que estaba diciendo en realidad era que el problema era el estrés provocado por la enfermedad de mi esposa, y no yo mismo. Sentí vergüenza: yo sabía que mi memoria estaba mal antes de que mi esposa enfermara. Recuerdo haber dado un paseo con otro colega, varios meses antes, y haber hablado de mis preocupaciones acerca de mi memoria. Le había contado que por la mañana, después de afeitarme, me había olvidado por completo de si ya me había cepillado los dientes o no. Fue solo al notar que el cepillo estaba húmedo cuando supe que acababa de usarlo. Mi colega me había dicho, con demasiada frialdad para mi gusto, que había dejado de «registrar eventos».

Emily, que me había estado escuchando atentamente, comentó:

—Doctor Yalom, esta es una de las cosas de las que quería hablarle. Me han preocupado muchas cosas similares. Estoy especialmente preocupada ahora por mis dificultades para reconocer caras. Me da mucho miedo desarrollar Alzheimer.

Le respondí con rapidez:

—Déjeme tranquilizarla al respecto. Su trastorno, conocido como ceguera facial o prosopagnosia, no es un síntoma de la enfermedad de Alzheimer. Quizá le interese leer algunos trabajos del maravilloso neurólogo y escritor Oliver Sacks, que también tenía problemas de reconocimiento facial, y ha escrito de manera brillante sobre el tema.

—Lo voy a buscar. Lo conozco, es un escritor maravilloso. Me encantaba *El hombre que confundió a su mujer con un sombrero*. Es británico, ¿sabe?

Asentí con la cabeza.

—Soy un gran admirador suyo. Hace un par de años, cuando estaba muy enfermo, le mandé una carta, como un fan, y un par de semanas después recibí una nota de su pareja que decía que le había leído mi carta unos días antes de su muerte. Pero déjeme decirle algo más, Emily. Tengo alguna experiencia personal con esta afección. Me doy cuenta cuando veo películas o la televisión; siempre le pregunto a mi esposa: «¿Quién es ese personaje?». De hecho, sé que sin ella no podría ver películas. No soy un experto en este trastorno, y creo que debería hablar del tema con un neurólogo, pero no se preocupe, no es un signo de demencia precoz.

Y así nuestra sesión, o mejor dicho nuestra conversación íntima, se prolongó durante cincuenta minutos. No puedo estar seguro, pero sospecho que escucharme compartir tantas de mis experiencias con ella le pareció algo importante. Por mi parte, estoy seguro de que nunca olvidaré esa hora juntos, porque fue el momento en el que tomé la decisión de retirarme del trabajo de toda mi vida.

Al día siguiente, Emily todavía estaba en mi mente, y le envié un correo electrónico pidiéndole perdón una vez más por no haber estado preparado para nuestra sesión. Le expresé mi esperanza de que, aun así, ella pudiera haber obtenido algún beneficio de nuestro encuentro. Emily respondió al día siguiente diciendo que estaba muy conmovida por mi disculpa y agradecida por todas nuestras reuniones. Reflexionando sobre el tema, me escribió:

Fueron sus amables acciones entre las sesiones, en particular, las que siempre me conmovieron: una vez, me prestó treinta dólares para que un taxi me llevara al aeropuerto, porque me había quedado sin dinero estadounidense; otra vez, me permitió darle un cálido abrazo cuando terminamos; la última vez, se negó a aceptar el pago de la última sesión, y ahora, me manda una conmovedora carta de disculpas.

Estas son cosas de ser humano a ser humano: no

tanto momentos terapeuta-paciente. Estos instantes han significado una gran diferencia para mí (y para mis propios pacientes). Es muy alentador saber que incluso cuando nos equivocamos (es decir, cuando somos humanos), somos capaces de corregir nuestras acciones con autenticidad y amabilidad.

Siempre estaré agradecido a Emily por su carta, que neutralizó gran parte del dolor de la jubilación.

Capítulo 6

RETROCESOS Y ESPERANZAS
RENOVADAS

Junio

Junio suele ser un mes de celebraciones familiares: el cumpleaños de Irv, el 13; el Día del Padre en Estados Unidos, el 21, y nuestro aniversario de bodas, el 27. Este último mes de junio debería haber sido muy especial: ¡íbamos a celebrar nuestro sexagésimo quinto aniversario! Eso nos convierte en auténticas piezas de museo, ya que pocos estadounidenses alcanzan este hito. Las personas ahora se casan mucho más tarde en la vida que en el pasado, y eso si llegan a casarse. Habíamos planeado una celebración de gala para el 27 de junio, pero hemos decidido posponerla hasta que, supuestamente, yo esté «mejor».

El mes pasado fui a un grupo de apoyo para pacientes con mieloma múltiple que se organizaba en Stanford y salí con la determinación de ser más proactiva con respecto a mi enfermedad. Aunque admiro la valentía de los pacientes más jóvenes, que empiezan tratamientos radicales como los trasplantes de células madre y de médula ósea, no estoy dispuesta a seguir ese camino. También me pregunto sobre el uso excesivo de medicamentos y el hecho de que las recetas sean iguales para todos, lo que puede haber provocado mi accidente cerebrovascular en febrero. Pero parece que la quimioterapia reducida que he estado recibiendo durante el último mes no está funcionando, y que necesito volver a una dosis más alta. Me da miedo este cambio porque los efectos secundarios fueron muy graves en el pasado, y no me gustaría sufrir en el poco tiempo que me queda. Por ahora estoy dispuesta a ver si la vuelta al nivel de dosis 2 de Velcade (un eslabón por debajo de la dosis más alta) será suficiente para detener la enfermedad.

Este también ha sido un momento muy difícil para Irv. Ser psiquiatra ha sido siempre una parte integral de su identidad, y ahora tiene que lidiar con su jubilación. Echará mucho de menos su vida como terapeuta, pero sé que Irv encontrará la manera de conservar su identidad profesional. Responde a decenas de correos electrónicos todos los días, todavía ofrece consultas sueltas y también da charlas a otros terapeutas a través de Zoom. Y, sobre todo, siempre está escribiendo algo.

Pero me preocupa su estado físico, en especial sus problemas de equilibrio, que lo obligan a usar un bastón en la casa y un andador al aire libre. Me aterroriza pensar que pueda caerse y hacerse daño de verdad.

Hacemos una buena pareja, yo con mieloma y él con problemas cardíacos y de equilibrio.

Dos ancianos en el baile final de la vida.

Para el Día del Padre, nuestros hijos y nietos nos prepararon un fabuloso almuerzo en el patio, con algunos de los platos favoritos de Irv: berenjena, puré de patatas y nabos, pollo asado, ensalada y tarta de chocolate. Somos muy afortunados por haber tenido hijos cariñosos, que nos cuidan y están a nuestra disposición. Como la mayoría de los padres, esperamos que sigan formando «una familia» entre ellos, después de que nos hayamos ido. Pero eso, por supuesto, ya no estará en nuestras manos.

En este momento, todos nuestros hijos y nietos están bien. Nuestra nieta mayor Lily y su esposa Aleida son felices juntas, las dos tienen trabajo y compraron hace poco una casa en Oakland. Me alegra que vivan en el área de la bahía de San Francisco, donde el matrimonio entre las personas del mismo sexo es, en general, aceptado. Nuestra segunda nieta mayor, Alana, está en su último año de la Escuela de Medicina en Tulane y se prepara para dedicarse a la obstetricia o la ginecología, como su madre. Lenore, nuestra tercera nieta, comenzará su posgrado en Biología en Northwestern. Nuestro nieto mayor, Jason, terminó sus estudios universitarios en Japón y trabaja para una firma de arquitectos especializada en desarrollar proyectos en el extranjero. Desmond, nuestro segundo nieto, se acaba de graduar en Hendrix College, en Arkansas, en Matemáticas e Informática. Como abuela, me alegra mucho verlos a todos encarrilados profesionalmente.

Pero es difícil aceptar que no estaré ahí para ver crecer a mis tres nietos más pequeños: Adrian, de seis años; Maya, de tres; y Paloma, de tan solo un año, todos hijos de Ben y Anisa. En los primeros años de Adrian, ganamos confianza gracias a las canciones infantiles que yo le leía y que él aprendió a recitar y bailar. Lo veo en mi mente cuando tiene una «gran caída», como Humpty Dumpty, o sale corriendo como el plato y la cuchara en la canción infantil «Hey Diddle». Ahora que mi esperanza de vida es corta, me entristece no llegar a ver a Adrian, Maya y Paloma en la adolescencia. No sabrán nada de mí, excepto lo que pueda volver a ellos en forma de recuerdos fugaces. Bueno, quizá Adrian, cuando escuche una canción infantil, se acuerde de mí.

Hoy me toca ponerme la inyección de Velcade. Irv me lleva, como siempre, y se queda conmigo durante el proceso. Primero me extraen sangre —un proceso eficiente y en general indoloro— y los resultados del laboratorio determinan la dosis de Velcade adecuada para alguien de mi estatura y peso. Me tranquiliza este enfoque personalizado, sobre todo después del accidente cerebrovascular que casi acabó conmigo.

Quien me administra la inyección de Velcade es una enfermera del Centro de Infusiones de Stanford. El personal de enfermería es extremadamente eficiente y amigable. Responden a todas mis preguntas mientras me cubren con mantas calientes y me dan zumo de manzana para mantenerme hidratada. La inyección se aplica en la zona del abdomen y dura solo unos segundos. Por una vez, me alegro de tener allí alrededor esa parte extra de carne.

Después Irv y yo vamos a almorzar al centro comercial de Stanford. ¡Durante el almuerzo me doy cuenta de que en realidad lo estoy pasando bien! Espero que esta sensación agradable continúe.

Contrariamente a mis preocupaciones, los efectos secundarios de la inyección de Velcade no han sido graves. Una de las razones por las que no es del todo horrible tiene que ver con los comprimidos de esteroides que tomo antes del tratamiento. Parecen ponerme menos ansiosa y más alegre de lo habitual. Su único inconveniente es que me mantienen despierta por la noche, por lo que también recurro a somníferos potentes.

Una noche, nuestros vecinos Lisa y Herman vinieron a casa a compartir una pizza. Lisa había sido diagnosticada de cáncer de mama hacía diez años y, después de una avalancha de tratamientos que incluyó mastectomía, radiación y quimioterapia, entró en remisión. Me siento menos sola al escucharla a ella, que también experimentó el «quimiocerebro» y también tuvo problemas para dormir los días que tomaba esteroides para reducir el malestar. Su experiencia hace que mis efectos secundarios parezcan «normales», posiblemente efímeros a largo plazo. Ahora, a los sesenta y cinco años, Lisa continúa llevando una buena vida, que se caracteriza por la energía y la imaginación que ella y su esposo demuestran en su trabajo conjunto como psicólogos organizacionales.

Puedo sentarme frente al ordenador, responder los correos electrónicos, seguir escribiendo... También estoy seleccionando material para los archivos de Stanford, a los que les hemos estado proporcionando artículos y libros durante al menos una década. Irv dejó el tema en mis manos, ya que parece no importarle lo que ocurra con sus papeles. Cuando me pregunta si creo que alguien alguna vez irá a revisar sus archivos, le recuerdo que dos personas importantes ya los han consultado: Sabine Gisiger, para su película *La cura de Yalom*, y Jeffrey Berman, para su libro sobre la obra de Irv, titulado *Writing the Talking Cure*. Abro otro cajón lleno de papeles y descubro el dolor, constante en mi corazón, de darme cuenta de cuánto de la vida que hemos vivido morirá con nosotros. Las publicaciones que forman un archivo solo pueden dejar trazos lejanos de la naturaleza de una existencia. Depende del investigador, historiador, biógrafo o cineasta dar vida a estos materiales, conservados con sumo cuidado en los anaqueles de una biblioteca. Algunos de los documentos, como dos artículos que Irv y yo escribimos juntos sobre «culpabilidad» y «viudas», los olvidamos casi por completo. ¿Cuándo y por qué los escribimos? ¿Los publicamos alguna vez?

Algunas piezas de nuestro pasado me hacen sonreír, por ejemplo una carta de 1998 de la escritora Tillie Olsen con su inimitable letra minúscula. Tillie participó en un programa de entrevistas públicas que organicé en Stanford, y que después recopilamos en un libro titulado *Women Writers of the West Coast*, con magníficas fotos de Margo Davis. Tillie sabía ser insoportable y al mismo tiempo brillante. Un día, cuando hablaba en una de mis clases en Stanford, miró alrededor y comentó: «No hay nada de malo en los privilegios. Todo el mundo debería tenerlos».

Mucho de lo que encuentro en los cajones se puede tirar a la basura sin más. ¿Quién quiere registros recopilados de cien cementerios estadounidenses distintos? Aun así, me duele descartar estos documentos. Cada uno representa una de las visitas a un cementerio específico que hice con mi hijo Reid cuando viajamos por el país para nuestro libro *The American Resting Place*. Millones de personas han erigido lápidas sobre los restos de sus familiares. Hay algo reconfortante en una piedra marcada, con la intención de que dure para toda la eternidad, con el nombre de un ser querido. Estoy agradecida de que el libro también sobreviva impreso.

Ordenar los papeles de una vida puede ser una experiencia emotiva para cualquiera. En mi caso, habiendo vivido tan plenamente dedicada a la escritura, a veces esto me sacude hasta la médula. Me sorprende encontrar un documento titulado «Lo que me importa», que escribí hace unos diez años para una charla en Stanford. El contenido de la conferencia está muy cerca de mis preocupaciones actuales:

Me desperté ayer por la mañana con la imagen de un trébol de cuatro hojas en la cabeza. Supe de

inmediato que estaba relacionado con mi charla
de hoy. Los sueños y las imágenes de la vigilia a
menudo son instrumentos que me permiten ver
más profundo en mi interior... Este sueño en particular fue un poco desconcertante, porque ya había
planeado hablar sobre tres cosas, representadas por
tres de las cuatro hojas, pero no sabía qué podía
representar la cuarta...

1. Lo que me importa es mi familia y mis amigos
   cercanos. En eso, soy como casi todos los demás
   en el mundo...
2. Lo que me importa es mi trabajo, ya no como
   profesora sino como escritora, y llegar a los lectores dentro y fuera del círculo académico...
3. Lo que me importa es la naturaleza, otra forma
   de belleza y verdad. A lo largo de mi vida, el
   mundo natural ha sido una fuente de disfrute,
   consuelo e inspiración...
4. Y ahora recuerdo lo que representa la cuarta hoja
   del trébol. Tiene que ver con el impulso moral,
   con la búsqueda de sentido y conexión humana,
   y con nuestra relación con la naturaleza, que ahora agrupamos bajo la palabra «espiritualidad»...

No existe una respuesta única, válida para todos;
cada uno debe encontrar lo que le importa. Pero en
el camino hay pistas y señales. Aprendí a encontrar
lo mejor de mí misma a través de muchas fuentes,
escritas y no escritas: poetas ingleses y estadounidenses, la Biblia, Proust, Maxine Hong Kingston, la visión de una bandada de codornices, la apertura de

un capullo de rosa. Llevo dentro de mí el recuerdo de padres, profesores y compañeros que han sido generosos y cariñosos conmigo. Y tengo en mi corazón un versículo del salmo 23: «Tu bondad y tu gracia me acompañan a lo largo de mi vida».[1] Intento honrar ese pensamiento y transmitirlo a la próxima generación. Ahora que mi tiempo en la tierra llega a su fin, estoy tratando de vivir los días que me quedan de acuerdo con esos principios.

A pesar de los contratiempos, todavía hay momentos en los que es bueno vivir. Un par de amigos íntimos, de Stanford y del condado de Marin, vinieron a cenar hace unos días y pude compartir unas tres horas con ellos. David Spiegel, del departamento de Psiquiatría de Stanford, y Michael Krasny, más conocido por su programa *Forum* en la radio KQED, son excelentes contadores de chistes judíos, y eso fue de gran ayuda.

Ahora, cuando vuelvo a estar experimentando algunos de los desagradables efectos secundarios de mi enfermedad, trato de recordar cuánto me reí en compañía de estos amigos leales e ingeniosos. Hace poco descubrí un prominente orzuelo en mi ojo derecho. Mi oculista dijo que debía tratarlo con paños calientes y gotas antibióticas; no se le ocurrió que pudiera estar relacionado con mi enfermedad. Pero ahora han aparecido dos orzuelos más, y he empezado a preocuparme. Irv busca «or-

1. *El libro del pueblo de Dios. La biblia, op. cit.*

zuelo y mieloma múltiple» en internet. En efecto, los orzuelos son uno de los efectos secundarios del Velcade.

Mi internista y mi hematólogo dicen que debería continuar con los paños calientes, pero ninguno aconseja abandonar el Velcade. Así que aquí estoy, atrapada otra vez entre las ventajas de un fármaco que prolonga la vida y sus ingratos efectos secundarios. Como lo expresó un científico en el libro de 2019 *Bottle of Lies*, de Katherine Eban, «Todos los medicamentos son venenosos. Solo en las condiciones más controladas sirven para algo». O, como me di cuenta muy bien con el desastre que me produjo tomar Revlimid, el fármaco que precipitó mi accidente cerebrovascular: la quimioterapia puede prolongar tu vida si no te mata primero.

Me pregunto si alguna vez entraré en remisión. ¿Será este mi último verano?

Recurro a las palabras del Eclesiastés: «Hay un momento para todo y un tiempo para cada cosa bajo el sol: un tiempo para nacer y un tiempo para morir».[2]

---

2. *El libro del pueblo de Dios. La biblia, op. cit.*

Capítulo 7

MIRAR AL SOL, UNA VEZ MÁS

Agosto

Marilyn y yo tenemos una cita importante con la doctora M., la oncóloga a cargo del tratamiento. La doctora comienza la consulta reconociendo que los efectos secundarios de la quimioterapia han sido demasiado graves para que Marilyn los tolere, y que los resultados del laboratorio indican que probar con dosis más bajas sería ineficaz. Por lo tanto, sugiere otro camino, un tratamiento con inmunoglobulina que consiste en infusiones semanales a través de una vía venosa que atacarían directamente a las células cancerosas. Nos presenta datos importantes: el cuarenta por ciento de los pacientes sufren efectos secundarios considerables (dificultad para respirar y erupciones), aunque la mayoría de ellos pueden contrarrestarse con antihistamínicos fuertes. Dos tercios de los pacientes que pueden tolerar los efectos secundarios experimentan una gran mejoría. Me inquieta lo que la doctora deja entrever: que si Marilyn está en ese tercio de los pacientes a los que no los ayuda este tratamiento, entonces no hay esperanza.

Marilyn está de acuerdo con el tratamiento con inmunoglobulina, pero como nunca se anda con rodeos, plantea una pregunta atrevida:

—Si este tratamiento demuestra ser intolerable o ineficaz, ¿aceptaría que me reuniera con los médicos de cuidados paliativos para hablar de la posibilidad de un suicidio asistido?

La doctora M. se sobresalta y duda durante unos segundos, pero enseguida acepta la propuesta de Marilyn y nos remite a la doctora S., la jefa de Medicina Paliativa. Unos días después nos reunimos con ella, una mujer tranquilizadora, muy perceptiva y gentil, que nos señala las muchas formas en que su departamento podría ser útil para aliviar los efectos secundarios de los medicamentos que Marilyn está tomando. Marilyn escucha con paciencia, pero al final pregunta:

—¿Qué papel puede desempeñar la medicina paliativa si estuviera tan mal que decidiera terminar con mi vida?

La doctora S. duda un momento y luego responde que si dos médicos dan su consentimiento por escrito, podría ayudarla a terminar con su vida. Marilyn parece muy tranquila con esta información y acepta embarcarse en el nuevo tratamiento con inmunoglobulina. Estoy aturdido y me quedo sentado temblando, pero, al mismo tiempo, admiro la franqueza y la valentía de Marilyn. Las opciones se están agotando, y ahora estamos hablando sin tapujos, casi relajados, acerca de que Marilyn acabe con su vida. Salgo de la sesión turbado y desorientado.

Marilyn y yo pasamos el resto del día juntos: mi

primer impulso es no perderla de vista, permanecer cerca de ella, coger su mano y no soltarla. Me enamoré de ella hace setenta y tres años y acabamos de celebrar nuestro sexagésimo quinto aniversario de bodas. Sé que es inusual adorar a otra persona y hacerlo además durante tanto tiempo. Pero, incluso ahora, cada vez que entra en la habitación, siento que me ilumino. Lo admiro todo en ella: su gracia, su belleza, su bondad, su sabiduría. Aunque nuestra formación intelectual es diferente, compartimos un gran amor por la literatura y el teatro. Y, dejando de lado el mundo de la ciencia, está muy bien informada. Cada vez que tengo una pregunta sobre cualquier aspecto de las humanidades, acudo a ella. Nuestra relación no siempre ha sido idílica: hemos tenido nuestras diferencias, nuestras peleas, nuestras imprudencias, pero siempre hemos sido directos y honestos el uno con el otro y siempre siempre hemos puesto nuestra relación por encima de todo. Hemos pasado casi toda nuestra vida juntos, pero ahora su diagnóstico de mieloma múltiple me obliga a pensar en la posibilidad de una vida sin ella. Por primera vez, su muerte no solo parece real, sino también algo próximo. Es horrible imaginar un mundo sin Marilyn, y se me cruza la idea por la cabeza de morir junto a ella. En las últimas semanas, les he hablado de esto a mis amigos médicos más cercanos. Uno de ellos me confesó que él también ha pensado suicidarse en el caso de que su cónyuge muriese. Algunos de mis amigos también considerarían la posibilidad del suicidio si tuvieran que enfrentarse a un cuadro de demencia grave. Incluso hemos hablado de los métodos: una dosis alta de morfina, ciertos antidepresivos, helio u otras sugerencias de la Hemlock Society.[1]

En mi novela *El problema de Spinoza* cuento los últimos días de Hermann Göring en Núremberg y describo cómo engañó al verdugo al tragarse el contenido de un frasco de cianuro, del que de alguna manera se aprovisionó. En los últimos días del Tercer Reich, se distribuyeron cápsulas de cianuro a los principales jerarcas nazis y muchos de ellos (Hitler, Goebbels, Himmler, Bormann) se suicidaron.

¡Eso fue hace setenta y cinco años! ¿Y ahora? ¿Dónde se puede conseguir hoy en día un frasco de cianuro?

No pasa mucho tiempo antes de que reflexionar sobre estas cuestiones me lleve a la pregunta por las consecuencias más obvias y oscuras: el impacto de mi suicidio en mis hijos y en todo nuestro círculo de amigos. Y en mis pacientes. He trabajado durante tantos años en terapia individual y grupal con personas viudas, me he dedicado a buscar que se mantengan íntegros durante ese insoportable primer año, o a veces dos años, después de la muerte de un cónyuge. Muchas veces he sonreído de placer al verlos mejorar y volver a entrar en la vida de forma gradual. Poner fin a mi propia vida sería una gran traición a todo su trabajo, a todo nuestro trabajo juntos. Los ayudé a sobrevivir a su dolor y su-

1. Hemlock Society era una organización que defendía el derecho a una muerte digna y al suicidio asistido, que existió entre 1980 y 2003. *(N. del e.)*

frimiento y después, al enfrentarme a la misma situación, ¿elijo escapar? No, no puedo hacer eso. Ayudar a mis pacientes es el núcleo de mi vida: es algo que no puedo ni voy a violar.

Han pasado varias semanas desde aquella sesión con la paciente de Escocia que me llevó a tomar la decisión de jubilarme. Sigo haciendo consultas de una sola sesión, quizá cuatro o cinco por semana, pero ya no tengo pacientes regulares. Es una gran pérdida para mí: al haber sido terapeuta durante tanto tiempo, sin mi trabajo me siento a la deriva, buscando una manera de darle sentido a la vida. Todavía puedo escribir, y este proyecto conjunto con Marilyn es un elixir de vida, no solo para ella, sino también para mí. En mi búsqueda de inspiración, abro un archivo que tengo hace mucho tiempo, titulado «Notas para escribir», que contiene ideas que he ido anotando durante décadas.

El archivo está lleno de historias que provienen de las sesiones con mis pacientes. Cuanto más las leo, más fascinado me siento por todo este buen material, que sería muy útil en mis clases dirigidas a jóvenes terapeutas. Soy muy escrupuloso en cuanto a la confidencialidad. Y aunque este archivo lo tengo para mí solamente, nunca pongo los nombres reales de mis pacientes. Así que cuanto más lo examino, más desconcertado me siento. ¿Quiénes son estas personas a las que traté hace tanto tiempo? Logré ocultar sus identidades con un éxito tremendo: ya no puedo acordarme ni de sus caras.

Además, como creía que mi memoria era indestructible, no eliminé ningún material que ya había usado en libros anteriores. Si hubiera tenido la previsión de verme a mí mismo como el anciano olvidadizo de casi noventa años que soy hoy en día, habría añadido comentarios como «usado en tal o cual año, en tal o cual libro». Sin estas anotaciones, me enfrento a un problema irritante: ¿sobre qué historias y pacientes ya he escrito? ¿Y en qué libro? Corro el riesgo de empezar a autoplagiarme.

Sin lugar a dudas, es necesario que relea algunos de mis propios libros: no he leído ninguno de ellos en años. Cuando me acerco a la estantería que contiene mis obras, la sobrecubierta amarilla deslumbrante de *Mirar al sol* me llama la atención. Este es un libro relativamente reciente, que escribí hace unos quince años, cuando tenía setenta y tantos. La tesis central del libro es que la angustia ante la muerte desempeña un papel mucho más importante en la vida de nuestros pacientes de lo que generalmente se ha considerado. Ahora, más cerca del final de mi propia vida, con mi esposa enfrentándose a una enfermedad mortal y pensando en el suicidio, me pregunto qué impresión me causaría este libro ahora. Durante tantos años de mi vida he luchado por consolar a pacientes que estaban combatiendo su angustia ante la muerte. Ahora ha llegado mi turno. ¿Podrá ayudarme releer *Mirar al sol*? ¿Podré encontrar consuelo en mis propias palabras?

Me llama la atención un pasaje extraño que hay al comienzo del libro y que son palabras de Milan Kundera, uno de mis escritores favoritos: «Lo que más nos aterra de la muerte no es perder el futuro, sino el pasado. De hecho, el acto de olvidar es una forma de muerte que siempre está presente en la vida».[2]

Ese pensamiento tiene un significado inmediato. Suena cada vez más cierto a medida que me doy cuenta de que partes importantes de mi pasado desaparecen de mi mente. Marilyn me protege de esto con su asombrosa memoria. Pero cuando no la tengo cerca, los agujeros en mis recuerdos me asombran. Me doy cuenta de que cuando ella muera, gran parte de mi pasado morirá con ella. Hace unos días, mientras seleccionaba los documentos que pasarán a formar parte de los archivos de la Universidad de Stanford, Marilyn encontró el programa del curso titulado *Muerte en la vida y la literatura*, que enseñamos juntos en Stanford en 1973. Quería que lo recordáramos juntos, pero no pude hacerlo: se ha desvanecido por completo de mi cabeza. No me acuerdo de ninguna de nuestras clases ni de las caras de nuestros estudiantes.

Entonces, sí, Kundera lo dijo mejor que nadie: «El acto de olvidar es una forma de muerte que siempre está presente en la vida».[3]

Puedo sentir punzadas de tristeza cuando pienso en mi pasado desaparecido. Soy el único poseedor de los recuerdos de tantos muertos: los de mi padre y mi madre, de mi hermana, de tantos com-

2. Irvin D. Yalom, *Mirar al sol. Superar el miedo a la muerte para vivir con plenitud el presente*. Traducción de Agustín Pico Estrada, Barcelona, Destino, 2021.

3. *Ibid.*

pañeros de juego, amigos y pacientes de antaño, que ahora apenas existen como impulsos parpadeantes en mi sistema nervioso. Solo yo los mantengo vivos.

En mi mente, veo a mi padre con tanta claridad. Es un domingo por la mañana y, como siempre, estamos sentados alrededor de nuestra mesa de cuero rojo jugando al ajedrez. Era un hombre guapo, que peina su largo cabello negro hacia atrás, sin raya. Imité su peinado hasta que entré en la escuela secundaria y mi madre y hermana vetaron ese peinado. Recuerdo haber ganado la mayoría de nuestras partidas de ajedrez, pero, incluso ahora, no sé si mi padre me dejaba ganar a propósito. Evoco su rostro amable por unos momentos, pero enseguida su imagen se desvanece y vuelve al olvido. Qué triste es pensar que, cuando yo muera, él desaparecerá para siempre. No habrá nadie más que recuerde su rostro. Este pensamiento, la naturaleza pasajera del mundo entero, me hace temblar.

Recuerdo que una vez le dije a mi terapeuta, y después a mi amigo Rollo May, que recordaba esas partidas de ajedrez con mi padre. Rollo me dijo que esperaba que lo mantuviera con vida a él de la misma manera. Comentó que gran parte de la angustia se debe al miedo al olvido y que «la angustia por la nada intenta convertirse en angustia por algo». En otras palabras, la angustia frente a la nada se adhiere rápidamente a un objeto tangible. Me siento complacido con los lectores que me envían correos electrónicos y me dicen cuánto les han conmovido e influido mis libros. Sin embargo, acecha en mi mente el conocimiento de que todo, toda la memoria, toda esa influencia, es transitoria. En una generación, quizá en dos en el mejor de los casos, nadie leerá mis libros ni pensará en mí. Y por cierto, nadie tendrá recuerdos de mí como ser material. Negar esto, no aceptar la fugacidad de la existencia, es vivir en el autoengaño.

Uno de los primeros capítulos de *Mirar al sol* habla de la «experiencia de despertar»: se trata de la experiencia por la que uno se vuelve consciente de su propia mortalidad. Allí, escribí extensos párrafos sobre Scrooge, el personaje de *Un cuento de Navidad* de Dickens, a quien visita el Fantasma de las Navidades Futuras. El fantasma le ofrece a Scrooge una vista previa de su muerte y de la reacción indiferente que genera en todas las personas que lo han conocido. Consciente del egoísmo y el solipsismo en el que ha vivido, Scrooge experimenta una transformación importante y positiva en su personalidad. Otra experiencia de despertar muy conocida le ocurre a Iván Ilich —el personaje de Tolstói—, quien, en su lecho de muerte, se da cuenta de que está muriendo tan mal porque ha vivido mal. Adquirir ese conocimiento, incluso al final de la vida, cataliza una gran transformación.

He sido testigo del impacto de estas experiencias de vida en muchos de mis pacientes. Pero no estoy seguro de si he experimentado en persona una experiencia tan dramática y singular. Si es así, ya ha desaparecido de mi memoria. En mi formación médica, no recuerdo ningún paciente que falleciera mientras estaba bajo mi cuidado. Ni yo mismo, ni ninguno de mis amigos más cercanos, ha estado cerca de la muerte. Aun así, con frecuencia pensaba mucho en la muerte, en mi propia muerte, dando por sentado que mis propias preocupaciones eran universales.

Cuando decidí que la psicoterapia iba a ser el trabajo de mi vida y comencé mi residencia en Psiquiatría en Johns Hopkins, en 1957, al principio me decepcionó y desconcertó el pensamiento psicoanalítico, especialmente por su falta de atención a los problemas más profundos relacionados con la condición mortal. Durante mi primer año de formación, me intrigó el libro de Rollo May *Existencia*, nuevo en ese momento. Lo leí con avidez de cabo a rabo y comprendí que la obra de muchos filósofos existencialistas era muy relevante para mi campo. Llegué a la conclusión de que necesitaba estudiar filosofía, y durante mi segundo año de residencia, asistí asiduamente a un curso de un año sobre filosofía occidental. Tres veces a la semana, por las tardes, iba al campus universitario de Hopkins, que quedaba en el otro lado de Baltimore, lejos del hospital y nuestra residencia. Este curso profundizó mi apetito por la filosofía y leí muchos textos de ese campo. Cuando llegué a Stanford, años después, asistí a muchos cursos de filosofía, y hasta hoy, sigo siendo amigo de mis dos profesores favoritos en la materia, Dagfinn Follesdal y Van Harvey.

En mis primeros años como terapeuta, tomé

nota de las experiencias de despertar relatadas por mis pacientes.

En *Mirar al sol*, describo a una de mis pacientes de muchos años, cuyo esposo murió a mitad del proceso de nuestra terapia. Poco después de aquello, tomó la decisión de mudarse de la casa grande donde había criado a sus hijos a un pequeño apartamento de dos habitaciones. Siempre la entristecía tener que regalar objetos de la vieja casa, saturados de recuerdos de su esposo e hijos, a personas que sabía que iban a usarlos sin conocer la historia de cada uno. Evoco lo mucho que me identifiqué con ella. Me imaginé estando en su situación. Había conocido a su difunto esposo, un profesor de Stanford, y podía sentir su dolor al tener que separarse de tantos recuerdos de su vida juntos.

Cuando era profesor en Stanford, comencé a explorar distintos caminos para llevar la confrontación con la muerte al terreno de la psicoterapia. Traté a muchos pacientes que tenían una enfermedad terminal y comencé a considerar la posibilidad de dirigir un grupo de terapia para personas en esa situación. Un día memorable, Katie W., una mujer notable con cáncer metastásico, vino a verme al consultorio y, a través de sus contactos con la Sociedad Americana contra el Cáncer, organizamos un grupo de terapia para pacientes con metástasis avanzada. Varios de mis estudiantes, colegas y yo mismo dirigimos estos grupos durante muchos años. Aunque se trata de una modalidad común hoy en día, en 1970 era, hasta donde yo sé, el primer grupo de este tipo en el mundo. Fue en este grupo donde tuve mis primeras e inolvidables exposiciones ante la muerte, ya que, uno tras otro, los miembros del grupo morían de cáncer.

Durante este tiempo, mi propia angustia ante la muerte se disparó y decidí someterme, una vez más, a terapia. Por pura coincidencia, Rollo May se había mudado de Nueva York a California y había instalado su consultorio en su casa en Tiburón, a poco más de una hora en coche desde Stanford. Hablé con él, y nos reunimos semanalmente durante los dos años siguientes. Rollo me ayudó, aunque creo que más de una vez mis análisis sobre la muerte le pasaron factura. (Tenía veintidós años más que yo.) Terminado nuestro tratamiento, él y yo, y nuestras esposas Georgia y Marilyn, nos volvimos amigos íntimos. Años más tarde, Georgia llamó para decirnos que Rollo se estaba muriendo y nos pidió a Marilyn y a mí que fuéramos a verlo. Corrimos a su lado, dispuestos a instalarnos junto a Georgia para acompañarlo en su lecho de muerte. Rollo murió unas dos horas después de nuestra llegada. Es extraña la lucidez con la que recuerdo cada detalle de esa noche. La muerte tiene una forma especial de captar la atención de uno y grabarse de manera permanente en tu memoria.

Sigo leyendo *Mirar al sol* y me encuentro con un repaso de las reuniones con excompañeros de escuela y universidad, que, es inevitable, aumentan la conciencia que uno tiene del envejecimiento y la muerte. Esto me recuerda un evento que tuvo lugar hace solo dos meses.

Asistí a un almuerzo en conmemoración de David Hamburg, expresidente de Psiquiatría de Stanford. David fue muy importante para mí: fue quien me ofreció mi primer y único puesto académico y se convirtió en un importante mentor y modelo para mí. Mi expectativa era que el almuerzo conmemorativo fuera una reunión donde vería a todos mis antiguos colegas y amigos de la facultad de Psiquiatría de Stanford. Aunque se presentó una multitud al evento, solo asistieron dos miembros del primer departamento de Psiquiatría. Ambos eran bastante mayores, y se habían incorporado al departamento muchos años después de que yo hubiera llegado a Stanford. Qué decepcionante: tenía tantas esperanzas de volver a ver reunida a la decena de jóvenes rebeldes que habíamos empezado a trabajar en el departamento, hace cincuenta y siete años, cuando abrió la incipiente Escuela de Medicina en Palo Alto. (Hasta ese momento, la Escuela de Medicina de Stanford estaba ubicada en San Francisco.)

Después de dar vueltas, conversando y preguntando por mis viejos colegas, me di cuenta de que, excepto yo, todos y cada uno de los susodichos jóvenes revoltosos estaban muertos. ¡Yo era el único que seguía vivo! Traté de recordarlos: Pete, Frank, Alberta, Betty, Gig, Ernie, dos David, dos George. Visualicé la mayoría de sus rostros, pero algunos nombres se me escapaban. Todos habíamos sido psiquiatras tan jóvenes, brillantes e ilusionados, todos llenos de esperanza y ambición, recién comenzando nuestras carreras.

No puedo evitar maravillarme del poder de la negación. Una y otra vez olvido la edad que tengo, olvido que mis primeros compañeros y amigos están muertos y que soy el siguiente en la fila. Continúo identificándome con mi yo jovencito hasta que una dura prueba me devuelve a la realidad.

Sigo leyendo, y un pasaje de la página 63 de *Mirar al sol* me llama la atención. Allí describo una sesión con una paciente que estaba pasando por el proceso del duelo, y que tras perder a un ser querido había desarrollado una angustia incapacitante ante la muerte.

—Julia —le dije—, deja que te haga una pregunta sencilla. ¿Qué tiene la muerte de tan aterrador? Específicamente, ¿qué te da miedo?

Respondió al instante:

—Todo lo que no hice.[4]

Esto parece ser de suma importancia y ha sido fundamental para mi trabajo como terapeuta. Durante muchos años he estado convencido de que existe una correlación positiva entre la angustia ante la muerte y la sensación de vida no vivida. En otras palabras: cuanto menos hayas vivido tu vida, mayor será tu angustia ante la muerte.

Pocas cosas nos enfrentan a nuestra condición mortal con tanta fuerza como la muerte de la pareja.

4. Irvin D. Yalom, *Mirar...*, *op. cit.*

En una de las primeras secciones de *Mirar al sol*,
describo la horrenda pesadilla de una paciente, que
le sobrevino unos días después de la muerte de su
marido. «Estoy en el porche cerrado de una ende-
ble cabaña de veraneo y veo una bestia grande y
amenazadora, con una boca enorme, que aguarda
a pocos metros de la puerta. Estoy aterrada. Temo
que algo le ocurra a mi hija. Decido tratar de apla-
car a la bestia con algún sacrificio y tiro un animal
de peluche de cuadros rojos por la puerta. La bestia
devora el señuelo, pero no se va. Sus ojos arden. Los
fija en mí.»[5] El significado del sueño estaba muy
claro. Su marido había muerto vistiendo un pijama
de cuadros rojos, y el sueño le dice que la muerte
es implacable: la muerte de su marido no resultaba
suficiente. Ella también era la presa de la bestia.

La enfermedad de mi esposa implica que, con
toda probabilidad, morirá antes que yo. Pero mi
turno llegará poco después. Es curioso, ahora no
siento ningún terror ante mi muerte. El terror viene de la idea de vivir sin Marilyn. Sí, sé que la investigación científica, incluyendo mi propio trabajo,
nos informa que el dolor es finito, que a medida
que vamos atravesando los acontecimientos de un
año, las cuatro estaciones, los días de cumpleaños y
los aniversarios de muertes, las vacaciones, los doce
meses completos, nuestro dolor va disminuyendo.
Para cuando el ciclo anual completa dos vueltas,
casi todos somos capaces de volver a aferrarnos a la
vida en alguna medida. Todo eso lo he escrito, sí,

5. *Ibid.*

pero dudo que funcione así en mi caso. He amado
a Marilyn desde que tenía quince años, y sin ella no
puedo imaginar que sea capaz de aferrarme a la
vida. Pero he vivido la vida con plenitud. Todas mis
ambiciones se han cumplido. Mis cuatro hijos y
mis nietos mayores ya están grandes. Ya no soy in-
dispensable.

Una noche, tuve sueños terribles sobre la muerte
de Marilyn. Solo recuerdo un detalle: expresaba,
muy enfáticamente, mi insatisfacción por la posibilidad de que me enterraran junto a ella (hacía mucho tiempo que habíamos comprado dos parcelas
contiguas). Quería que estuviéramos más cerca: ¡que
fuésemos enterrados en el mismo ataúd! Cuando le
cuento esto a Marilyn por la mañana, me dice que
no es posible. Hace años, ella y mi hijo fotógrafo,
Reid, estuvieron visitando cementerios en todo Estados Unidos para su libro. En toda su investigación,
nunca encontraron un ataúd para dos.

Capítulo 8

ENTONCES, ¿ESTA ES LA MUERTE DE QUIÉN?

Agosto

Acabo de leer el capítulo anterior de Irv, sobre su relectura de *Mirar al sol*. Estoy conmovida y turbada. Ya está llorando mi muerte. Qué extraño que sea yo quien probablemente muera primero, cuando por las estadísticas es más frecuente que el marido fallezca antes. Eso nos lo revela incluso el idioma inglés, en la diferencia entre géneros. «Viudo» (*widower*) tiene su raíz en la palabra «viuda» (*widow*). Lo más típico es que, si existen dos formas relacionadas con el género para la misma palabra, la raíz sea masculina (como en «héroe/heroína» o «poeta/poetisa»). La raíz femenina de «viudo» habla de la prevalencia estadística de las mujeres que sobreviven a sus cónyuges masculinos.

No puedo pensar en la viudez de Irv. Me entristece mucho imaginarlo solo, pero mi atención se fija, como lo ha hecho durante los últimos ocho meses, en mi propia condición física. Los meses de quimioterapia que casi me matan y los devastadores efectos secundarios de ese segundo medicamento, el Velcade, me han pasado factura. Ahora, el tratamiento con inmunoglobulina me resulta menos debilitante y, a veces, hasta me permite pasar algunos momentos de placer con Irv, mis hijos, nietos y amigos que vienen de visita. Pero ¿quién sabe si el tratamiento será efectivo?

Ya nos hemos reunido con la doctora S., directora de Cuidados Paliativos de Stanford, una mujer encantadora que tiene la enorme responsabilidad de ayudar a los pacientes al final de sus vidas. Si la doctora M. me dice que el tratamiento con inmunoglobulina no está funcionando, creo que optaré por los cuidados paliativos y, eventualmente, por el suicidio asistido. No quiero someterme a medidas más drásticas. Pero ¿esa decisión debería ser solo mía?

Una noche en que nuestros queridos amigos Helen y David nos han traído la cena, les digo que los cuidados paliativos y el suicidio asistido serían un alivio si mi tratamiento actual no fuera eficaz. David responde enseguida:

—Lo que hagas con tu cuerpo lo decide un solo voto.

Sin embargo, se me ocurre, y ya lo he pensado muchas veces este año, que mi muerte no es solo mía. Tendré que compartirla con quienes me aman: en primer lugar con Irv, pero también con mis familiares y amigos cercanos. Mi círculo de amistades siempre ha sido importante para mí, pero sigue sorprendiéndome la profundidad de su preocupación al enterarse de mi enfermedad. ¡Qué afortunada soy de estar rodeada de gente tan cariñosa!

Cuando las llamadas telefónicas y correos electrónicos se hicieron demasiados como para responder a cada uno individualmente, di un paso audaz y escribí un correo electrónico colectivo a unos cincuenta amigos. Este era el mensaje:

> Queridos amigos:
>
> Perdonadme por enviaros esta carta colectiva en lugar de mensajes individuales. Os agradezco a todos vuestras palabras de aliento durante estos últimos seis meses, y vuestras visitas, tarjetas, flores, comidas y otras expresiones de afecto. Sin el apoyo de mis familiares y amigos, no habría llegado tan lejos.
>
> Por varias razones, hemos dejado de lado la quimioterapia y ahora estamos comenzando con algo nuevo llamado terapia de inmunoglobulina, que no tiene los devastadores efectos secundarios de la quimioterapia, pero que quizá sea menos eficaz. Sabremos si funciona en uno o dos meses.
>
> Cuando mejore, si es que mejoro, espero ponerme en contacto con cada uno de vosotros por separado y programar un horario para una llamada telefónica o una visita. Mientras tanto, sabed que vuestros pensamientos y, en algunos casos, vuestras oraciones alegran mi corazón y me dan fuerzas mientras trabajo con el equipo médico de Stanford para prolongar mi vida. Os envío mucho amor a cada uno de vosotros.
>
> MARILYN

Me siento un poco incómoda por enviar un correo electrónico grupal. Aun así, dadas las numerosas respuestas que recibí, me alegra haberlo hecho, me proporciona una razón adicional para intentar seguir con vida.

Pienso en mi amigo diplomático francés, que tiene una enfermedad muy debilitante. Una vez me dijo que no le temía a la muerte (*la mort*), pero que sí tenía miedo a morir (*mourir*). Yo tampoco le temo a la muerte en sí misma, pero el proceso de morir en dosis diarias es, a menudo, intolerable. Hace meses que me estoy acostumbrando a la idea de una muerte próxima. Como Irv y yo hemos reflexionado sobre el tema de la muerte durante décadas, tanto en nuestra enseñanza conjunta como en sus escritos, me siento capaz de afrontar la idea con un grado de calma que sorprende a mis amigos. A veces, me pregunto si la calma no es solo un barniz, si en el fondo no estoy yo también aterrada.

Hace poco, este pozo de angustia escondida se derramó en un sueño muy vívido. En el sueño, estoy hablando por teléfono con una amiga, que me dice que su hijo mayor ha muerto el día anterior. Empiezo a gritar y me despierto convulsionada por las lágrimas.

En la vida real, esa amiga ni siquiera tiene hijos. Entonces, ¿la muerte de quién estoy llorando? Es probable que sea la mía.

Capítulo 9

ENFRENTARSE A LOS FINALES

Agosto

Marilyn y yo llegamos a la clínica a las ocho de la mañana para la terapia de inmunoglobulina. Me siento a su lado durante nueve horas, mientras el medicamento se le administra, lento, por vía intravenosa. La miro con atención y me da miedo que tenga una fuerte reacción. Pero me alegra ver que se mantiene cómoda, no tiene reacciones adversas y duerme durante gran parte de su estancia en la clínica. Una vez en casa, la noche que sigue es celestial. Vemos el primer episodio de una vieja serie de la BBC, *Martin Chuzzlewit*, con Paul Scofield. Ambos somos amantes de Dickens (especialmente yo, ella siempre coloca a Proust en primer lugar). Durante muchos años, siempre que viajaba por Estados Unidos o el extranjero para dar una conferencia, pasaba parte de mi tiempo visitando librerías de libros antiguos y, así, he ido acumulando una gran colección de primeras ediciones de Dickens.

Viendo la serie, me asombra el increíble elenco de personajes. Pero es lamentable: aparecen tantos a la vez que mis problemas de reconocimiento facial me dejan desconcertado. No podría ver el programa sin que Marilyn identificara quién es quién. Después de apagar la televisión, Marilyn entra en la sala de estar y busca la primera parte de *Vida y aventuras de Martin Chuzzlewit*. (Las principales novelas de Dickens se publicaron en folletines de veinte entregas. Una vez al mes se publicaba una parte: una gran flota de carros amarillos la entregaba a las multitudes ansiosas por el nuevo episodio.)

Marilyn abre la primera parte y, muy animada, comienza a leer en voz alta. Mientras me recuesto en mi silla, sosteniendo su mano libre, ronroneo en éxtasis, escuchando cada palabra. Esto es puro cielo: qué bendición tener una esposa que se deleita leyendo la prosa de Dickens en voz alta. Un momento mágico para mí, uno de los muchos que me ha brindado desde que éramos adolescentes.

Pero sé que esto no es más que un breve respiro en la sombría tarea de encararnos con la finitud, y al día siguiente sigo buscando ayuda en las páginas de *Mirar al sol*. Llego a mi análisis sobre Epicuro (341-270 a.C.), que nos ofrece, a quienes no somos creyentes, tres argumentos lúcidos y poderosos para aliviar la angustia ante la muerte. El primer argumento es que, dado que el alma es mortal y perece con el cuerpo, no tendremos conciencia y, por lo tanto, nada que temer después de la muerte. El segundo afirma que, dado que el alma es mortal y se dispersa al morir, no tenemos nada que temer. «En otras palabras, si soy, la muerte no es, pero si la muerte es, no soy. Por lo tanto, Epicuro preguntaba: "¿Por qué temerle a la muerte si nos es imposible percibirla?".»[1]

Ambos argumentos parecen obvios y ofrecen algo de consuelo, pero es el tercer argumento de Epicuro el que siempre me atrajo más. Postula que la nada después de la muerte es un estado idéntico a la nada en la que estábamos antes de nacer.

Unas páginas más tarde, me encuentro con la descripción de las «ondas concéntricas»: es la idea de que los hechos y las ideas de uno se transmiten a los otros, al igual que los círculos concéntricos que se crean en la superficie del agua al arrojar un guijarro a un estanque. Este pensamiento también es muy importante para mí. Cuando les doy algo a mis pacientes, sé que de alguna manera ellos, a su vez, encontrarán una forma de transmitir mi regalo a los demás, y las ondas concéntricas continúan. Este tema ha sido inherente a mi trabajo desde que comencé a ejercer la psicoterapia, hace más de sesenta años.

Hoy no sufro de una angustia excesiva ante la muerte, es decir, frente a mi propia muerte. Mi verdadera angustia surge de la idea de perder a Marilyn para siempre. A veces, durante un instante, siento una punzada de envidia, porque ella tendrá el privilegio de morir primero. Parece mucho más fácil de esa manera.

Estoy a su lado en todo momento. Sostengo su

1. Irvin D. Yalom, *Mirar...*, *op. cit.*

mano mientras nos dormimos. La cuido de todas las formas posibles. Y en estos últimos meses, cuando estoy trabajando, rara vez dejo pasar una hora sin salir de mi consultorio y caminar los treinta metros hasta la casa para verla. Casi no me permito pensar en mi propia muerte, pero por el bien de este libro dejaré volar mi imaginación. Cuando me enfrente a la muerte, ya no tendré a Marilyn, siempre disponible, siempre a mi lado. No habrá nadie sosteniendo mi mano. Sí, mis cuatro hijos, mis ocho nietos, muchos amigos pasarán tiempo conmigo, pero, por desgracia, no tendrán el poder de penetrar en las profundidades de mi aislamiento.

Intento lidiar con la pérdida de Marilyn reflexionando sobre todo lo que he perdido y sobre lo que quedará. No tengo ninguna duda de que cuando Marilyn muera se llevará gran parte de mi vida pasada con ella, y ese pensamiento me causa angustia. Por supuesto que he ido a muchos lugares sin Marilyn: conferencias, talleres, muchas excursiones de buceo o *snorkel*, mis viajes a Oriente con el ejército, mi retiro de meditación vipassana en la India, pero gran parte de las remembranzas de estas experiencias ya se ha desvanecido. Recientemente vimos una película, *Historias de Tokio*, y Marilyn evocó nuestro viaje a Tokio, cuando vimos muchos de los edificios y parques que aparecen en la película. Pero yo no recordaba ninguno de ellos.

—¿No te acuerdas —me refrescó la memoria— de que trabajaste unos tres días en el hospital Kurosawa y después visitamos Kioto?

Sí, ahora todo comenzaba a volver a mi mente:

las conferencias que di, el simulacro de un grupo de terapia, con el personal en el papel de los pacientes, las maravillosas recepciones y fiestas que hicieron en nuestro honor. Pero sin Marilyn, sería poco probable que hubiera recordado algo de eso. Perder gran parte de mi vida cuando todavía estoy vivo, eso es algo en verdad aterrador. Sin ella, las islas, las playas, los amigos que hicimos en ciudades de todo el mundo, muchos de los maravillosos viajes que hemos hecho juntos se desvanecerán, aparte de algunos recuerdos descoloridos.

Sigo leyendo *Mirar al sol* y llego a una sección que había olvidado por completo. Es un relato de las reuniones postreras con dos importantes mentores: John Whitehorn y Jerome Frank, ambos profesores de Psiquiatría en Johns Hopkins. Cuando era un joven profesor de Stanford, me sorprendió mucho una llamada de la hija de John Whitehorn. Me dijo que su padre había tenido un derrame cerebral grave y que había pedido verme antes de morir. Yo admiraba mucho a John Whitehorn, era mi maestro, y había tenido contacto profesional con él. Pero nunca, ni una sola vez, habíamos tenido un encuentro personal. Siempre era muy rígido y formal, siempre «el doctor Whitehorn y el doctor Yalom». Nunca oí a nadie, ni a los otros profesores ni a sus colegas de otros departamentos, referirse a él por su nombre de pila.

¿Por qué yo, entonces? ¿Por qué pedía verme a mí, un estudiante con el que nunca había compartido un momento íntimo? Me conmovió tanto su demanda que unas horas más tarde estaba volando a Baltimore, y apenas aterricé tomé un taxi directamente al hospital. Cuando entré en su habitación, el doctor Whitehorn me reconoció, pero lo encontré agitado y confundido. Una y otra vez, susurraba en voz baja:

—Tengo un miedo que ni le cuento.

Me sentí impotente y deseé poder ofrecerle mi ayuda. Se me ocurrió abrazarlo, pero nadie abrazaba a John Whitehorn. Unos veinte minutos después de mi llegada, se sumió en la inconsciencia. Lleno de tristeza, salí del hospital. Supuse que de alguna manera había significado algo para él, tal vez un sustituto de su propio hijo, que había muerto durante la Segunda Guerra Mundial. Recuerdo su mirada quejumbrosa cuando hablaba de la batalla de las Ardenas, y después agregaba: «Esa maldita picadora de carne».

Mi última visita a Jerome Frank, mi principal mentor en Johns Hopkins, fue notablemente distinta. En sus últimos meses de vida, Jerry sufría demencia grave. Lo visité en una residencia en Baltimore. Lo encontré sentado, mirando por la ventana. Traje una silla para instalarme a su lado. Era un hombre amable y encantador, y siempre me deleitaba con su presencia. Le pregunté cómo era su vida ahora.

—Cada día, un nuevo día. Me despierto y ¡zas! —respondió pasándose la mano por la frente—. El día de ayer desapareció por completo. Pero me siento en esta silla y veo pasar la vida. No está tan mal, Irv. No está tan mal.

Eso me impactó. Durante mucho tiempo había

temido más a la demencia que a la muerte. Pero estas palabras de Jerry Frank, «no está tan mal, Irv», me sorprendieron y conmovieron. Mi antiguo mentor me estaba diciendo:

—Irv, como personas conscientes, solo tenemos esta vida. Disfruta cada parte de este asombroso fenómeno llamado «conciencia» y no te ahogues en el remordimiento por lo que alguna vez fue y ya no es.

Sus palabras tienen poder y amortiguan mi terror a la demencia.

Otro pasaje de *Mirar al sol* también ofrece ayuda. En una sección titulada «Dicha amorosa», explico de qué forma un enamoramiento fulminante nos hace olvidar todas las demás preocupaciones. Fíjense en cómo un niño agitado se sube al regazo de su madre y se tranquiliza rápidamente: todos sus problemas se han evaporado. Describí esto como «el solitario "yo" se disuelve en el "nosotros"».[2] El dolor del aislamiento se evapora. Esto, para mí, da justo en el blanco. Haber pasado casi una vida entera enamorado de Marilyn, sin duda, me ha protegido de experimentar la profunda soledad del aislamiento, y una buena parte de mi dolor actual surge de anticiparla.

Me imagino cómo será mi vida después de la muerte de Marilyn; me veo solo, noche tras noche, en mi gran casa vacía. Tengo muchos amigos, hijos y nietos, incluso un bisnieto; tengo muchos vecinos amables, que son muy atentos conmigo, pero care-

2. Irvin D. Yalom, *Mirar...*, *op. cit.*

cen de la magia de Marilyn. La tarea de soportar una soledad tan radical parece abrumadora. Pero me dan consuelo, de nuevo, las palabras de Jerry Frank: «Me siento en esta silla y veo pasar la vida. No está tan mal, Irv».

Capítulo 10

CONSIDERACIONES SOBRE EL SUICIDIO ASISTIDO POR UN MÉDICO

Agosto

Voy a la tercera sesión del tratamiento con inmuno-globulina en el hospital de Stanford. Irv me acompaña y se queda a mi lado desde que empezamos, a las once de la mañana, hasta que terminamos, a las cinco de la tarde, excepto un par de horas que se toma para almorzar y descansar. Durante ese tiempo, mi querida amiga Vida también viene a pasar un rato conmigo y darme consuelo. Ella se ha mostrado más que atenta durante mi enfermedad, me visita con frecuencia y trae comida sabrosa y que me resulta fácil de digerir. Hoy me trae pollo con arroz y zanahorias.

Por extraño que parezca, el día que paso en el hospital es uno de los más fáciles de la semana, y el tratamiento no me deja con ningún efecto secundario perceptible. El personal en el hospital es siempre cortés y eficiente. Me reclino en una cama cómoda y recibo el medicamento, que gotea despacio hacia mi cuerpo. Cuando me voy, me siento descansada y de buen humor, debido, es probable, a los esteroides que me han dado antes de comenzar el goteo intravenoso.

Cuando salimos del hospital me emociono al recordar que nuestro «bebé», nuestro hijo Ben, nació en otra ala de este mismo edificio hace casi exactamente cincuenta años. Mañana Ben vendrá a casa, con su esposa Anisa y sus tres hijos, a celebrar su quincuagésimo cumpleaños con nosotros. Ya hemos preparado camas adicionales en el estudio de Irv y en el mío, y haré todo lo posible para no parecer una anciana moribunda frente a mis nietos.

Ben y su familia pasan el fin de semana con nosotros. El sábado organizamos una fiesta en el parque de al lado de casa para celebrar el cumpleaños. Aunque las invitaciones se enviaron hace solo una semana, la mayoría de sus amigos están allí. Algunos conocieron a Ben en la escuela primaria, otros en la secundaria y en la universidad, y algunos otros en los veranos en el campamento Tawonga, en Sierra Nevada. Es un placer volver a ver a todos estos «niños», ahora hombres de mediana edad con esposas e hijos, desde niños pequeños hasta adolescentes. Ben siempre ha tenido una gran capacidad para hacer amistades, y me alegra ver que sus amigos y él se han mantenido fieles unos a otros.

Mi mayor placer, por supuesto, es pasar tiempo con los hijos de Ben y Ani: Adrian, de seis años; Maya, de tres, y Paloma, de apenas un año. Las niñas son de lo más dulce, y Adrian, cuando no tiene una rabieta, es un verdadero encanto. Tiene la ventaja, o quizá la desventaja, de ser extremadamente hermoso, ya que heredó los grandes ojos azules de su madre, su cabello rubio y un rostro angelical. Además, es muy inteligente y elocuente. Pero cuando es presa de uno de sus ataques, se convierte en un verdadero demonio. Me asombra la paciencia de sus padres con él y de que estén convencidos, como sostienen los mejores asesores psiquiátricos, de que de forma eventual, cuando crezca, superará esta proclividad a la rabia. Antes de irse, Adrian me da un beso de despedida y dice:

—Nos vemos el Día de Acción de Gracias.

En el fondo de mi mente, me pregunto qué será de mí por esa época del año. Me pregunto, incluso, si estaré aquí.

Cuando se van, pasado un rato, vuelven las malditas náuseas y la diarrea. Es probable que se deban a lo que he comido en la fiesta de Ben sin pensar en las consecuencias. Cuando sucede esto me siento tan miserable que desearía poder abandonar esta vida en paz, sin más sufrimiento. En esos momentos no pienso en cómo van a sentirse los demás, ni en la tristeza de no volver a ver a mis seres queridos.

Al final, gracias a la medicación contra las náuseas consigo mantener mi estado físico bajo control, pero mis miedos no desaparecen y se expresan en un sueño aterrador a la hora de la siesta. Estoy hablando por teléfono con una colega que, en la vida real, ha tenido cáncer de mama varias veces. Estamos trabajando juntas en un proyecto, y estoy buscando en mi ordenador unos archivos que necesitamos. Busco entre muchos documentos, pero no encuentro nada que se parezca a esos archivos ni remotamente.

En un momento, hago clic en un icono del escritorio y, en lugar de un archivo, obtengo una respuesta auditiva tan ensordecedora que no llego a oír la voz de mi colega al otro lado de la línea. El ruido se vuelve cada vez más fuerte y no hay forma de apagarlo. Me entra el pánico y trato de desconectar el cable del ordenador, pero ni siquiera eso funciona. El ruido parece provenir de todas partes. Corro por la casa hacia todos los demás enchufes, gritando:

—¡Ayuda, ayuda, tengo que desenchufar los cables!

Mi marido psiquiatra no tarda mucho en analizar el sueño y leer en él mi deseo de poner fin a una vida que agoniza.

Irv me lleva de nuevo al hospital para recibir mi dosis semanal de inmunoglobina. Todo va muy bien, incluida la larga siesta que duermo como resultado del Benadryl que tomo con la medicación previa al tratamiento. Cuando me despierto, Irv está sentado a mi lado y me pregunta cómo me encuentro. Por lo general siempre digo algo como «bien» o «más o menos» para evitarle más miserias. Pero hoy, a la luz de la consulta de mañana con la doctora M., decido ser más franca de lo habitual:

—Bueno, si estás dispuesto a oír la verdad, desde hace mucho tiempo siento que estoy pagando un precio demasiado alto para seguir con vida. He tenido nueve meses de quimioterapia y ahora un tratamiento con inmunoglobulina, y mi cuerpo ha pagado el precio. Me despierto cada mañana y después de cada siesta con aversión a levantarme. ¿Cuánto tiempo más debo vivir antes de que se me permita morir?

—Pero a veces disfrutas, como cuando nos sentamos juntos fuera, cogidos de la mano, o vemos la televisión por la noche.

—Disfrutar... *c'est beaucoup dire*. Si no estoy pasándolo realmente mal por los problemas del estómago, tolero mi condición física y me alegro de estar contigo. Eres la principal razón que tengo para seguir con vida. Sabes, cuando me diagnosticaron mieloma múltiple, los médicos me dijeron, con una sonrisa, que las personas pueden vivir durante años con esta enfermedad si responden positivamente a la quimioterapia y a alguna otra forma de tratamiento. No dijeron que me estaba muriendo y que los tratamientos causarían un impacto permanente en mí. Poco a poco he llegado a comprender que nunca volvería a ser la misma, y que lo único que tengo por delante es pasar días de indescriptible miseria, deterioro y debilitamiento. Si pudieras estar dentro de mi cuerpo durante unos minutos, lo entenderías.

Irv guarda silencio durante un largo rato. Luego responde:

—¿No es suficiente con que todavía estés viva? ¿Que cuando te vayas, no habrá nada después? Y yo no estoy listo para dejarte ir.

—Irv, durante estos últimos nueve meses, creo que he logrado asimilar la muerte. Después de todo, tengo ochenta y siete años, y he disfrutado de una gran vida. Si tuviera cuarenta, cincuenta o sesenta, entonces sería una tragedia, pero en este momento, la muerte me parece una realidad inevitable. Si muero dentro de tres meses o más tiempo, creo que puedo aceptarlo. Sí, por supuesto, me entristecerá dejar a mis seres queridos, sobre todo a ti.

Hay dos cosas en los escritos de Irv que han influido en mi forma de ver la muerte en la actualidad. La primera es su idea de la vida no vivida. Me considero afortunada por morir sin remordimientos, por lo que debería serme más fácil enfrentarme a la muerte. Por cierto, no siento más que gratitud por Irv, mis hijos, mis amigos, los médicos de Stanford y las circunstancias materiales que me hacen posible vivir mis últimos días en un entorno confortable.

La segunda cosa en los textos de Irv que sigue rondándome por la cabeza es la frase de Nietzsche «Muere en el instante justo».[1] Con esta idea estoy lidiando en este momento. ¿Cuál es el momento justo para morir?

¿Tiene sentido prolongar mi vida si eso significa seguir viviendo con tanto sufrimiento físico? ¿Qué pasa si la doctora M. me dice que el tratamiento con inmunoglobulina no está funcionando? ¿Y si me propone otro tratamiento? En ese caso, prefiero dejar que los médicos de cuidados paliativos se hagan cargo y que me ayuden a morir de la forma más indolora posible. Y pediría un suicidio asistido.

1. Irvin D. Yalom, *Mirar...*, *op. cit.*

Me parece que la decisión de vivir o morir debería ser sobre todo mía. Y empiezo a sentir que el «momento justo para morir» no es un punto hipotético del futuro, dentro de meses o años, sino un momento que va a llegar más temprano que tarde. Incluso he comenzado a despedirme de los objetos y las personas. La última vez que nos visitó nuestra nieta Lily le regalé algo que me encanta: una página de un manuscrito medieval que compré en los *quais* de París cuando era estudiante allí. También le di a Alana una chaqueta muy especial que a ella le gustaba desde hacía mucho tiempo. Y a Anisa, un collar de plata con un corazón, con pequeños diamantes. Le sentaba tan bien.

Pero sobre todo estoy tratando de despedirme de las personas a las que amo. Fue bonito ver a los hijos de Ben hace poco y saber que van a estar bien. No quiero preocuparme demasiado por ellos ni por ningún miembro de la familia; Irv es el único en quien debo pensar. Por supuesto, mucho de todo eso depende de lo que la doctora M. diga, pero sé que tendré que pedirle a Irv que no me agobie demasiado con su idea de que vale la pena seguir con vida a toda costa.

Capítulo 11

UNA TENSA CUENTA ATRÁS
HASTA EL JUEVES

Septiembre

Todos los miércoles me quedo sentado durante largas horas junto a la cama de hospital de Marilyn, con la esperanza de que tolere la infusión intravenosa. Para mi sorpresa y alivio, no ha tenido reacciones adversas inmediatas al medicamento y nuestros miércoles han sido bastante serenos. Cada semana, al llegar al centro, le extraen una muestra de sangre y esperamos una hora hasta que los resultados del laboratorio determinan su dosis para ese día. Después, en una pequeña habitación privada, comienza la infusión intravenosa. Marilyn se duerme al momento. Y yo me quedo a su lado entre cuatro y seis horas: leo los periódicos, respondo a mi correo electrónico en el ordenador portátil o leo una novela en mi iPad. (*Tess, la de los d'Urberville* de Thomas Hardy me fascina tanto que las horas pasan rápidamente.)

Pero este miércoles decido visitar la Biblioteca Médica Lane mientras Marilyn duerme. Tengo ganas de leer algunos números recientes de revistas de psiquiatría, algo que, y me avergüenza admitirlo, no he hecho durante demasiado tiempo. Recuerdo haber pasado muchas horas en la Biblioteca Lane, a lo largo de cuarenta años, mientras era profesor en el departamento de Psiquiatría de Stanford. Recuerdo con placer la amplia sala de lectura de revistas, donde se exhibían una gran cantidad de publicaciones médicas. Allí, muchos estudiantes y profesores de Medicina leíamos los últimos números de innumerables revistas.

Pregunto y me dicen que la biblioteca está a solo diez minutos a pie yendo por los pasillos del hospital. Está dentro de la Escuela de Medicina de Stanford, al lado del hospital de Stanford. La enfermera a cargo de Marilyn me señala en qué dirección ir, y salgo a paso tranquilo. Pero en el edificio nada es como antes: me pierdo de inmediato, y pido indicaciones varias veces hasta que alguien que lleva una placa oficial se apiada de este anciano con bastón que deambula inestable por los corredores y me lleva a la biblioteca. Aun así, tenemos que detenernos en los puntos de control antes de cada sala, donde debo mostrar mi tarjeta de profesor a los guardias.

Después de presentar la tarjeta, por fin entro en la biblioteca. Me ilusiono con la idea de volver a esa vieja sala de lectura que me resulta tan familiar. Pero no hay nada de eso: no hay sala de lectura.

Lo que veo son solo filas y filas de escritorios ocupados por personas que miran las pantallas de unos ordenadores. Busco a un bibliotecario. Solía haber un numeroso equipo de bibliotecarios para ayudar a los usuarios, pero no aparece ninguno, hasta que veo a una mujer adusta, con aspecto de funcionaria, en un rincón lejano de la sala, también inclinada sobre un ordenador.

Me acerco a ella y le pregunto:

—Disculpe. ¿Puede indicarme dónde está la sala de lectura? La última vez que estuve aquí, hace bastante tiempo lo admito, ocupaba gran parte del primer piso. Allí estaban las últimas ediciones de decenas de revistas. Estoy buscando algunas revistas actuales de psiquiatría.

Parece desconcertada, me mira fijamente como si fuera una criatura de otro siglo (que por supuesto lo soy).

—No tenemos nada en papel. Todas las publicaciones están en línea.

—¿Quiere decirme que, en toda esta biblioteca médica, no hay una sola copia impresa de una revista de psiquiatría actual?

Con el rostro todavía arrugado por la confusión, me responde:

—Quizá haya alguna en el piso de abajo. —Y, abruptamente, vuelve su atención al ordenador.

Bajo la escalera y vuelvo a ver lo mismo: decenas de individuos encorvados sobre pantallas de ordenador. Al fondo de la sala, sin embargo, atisbo unas pilas enormes de viejas publicaciones encuadernadas. Encuentro la sección que contiene la *Revista de la Asociación Estadounidense de Psiquiatría*, pero los estantes están demasiado cerca unos de otros como para pasar por el pasillo entre ellos. Transcurren un par de minutos antes de que haga un gran descubrimiento: los estantes son móviles. Empujo lo bastante fuerte como para que una hilera se deslice hacia atrás y, cuando hay suficiente espacio, entro por el angosto pasillo y comienzo a buscar las revistas encuadernadas. En ese momento, oigo voces y el movimiento ominoso de los estantes que se me acercan rodando. Entonces recuerdo que, al acercarme, he leído (pero ignorado) un cartel grande con la leyenda: POR SU SEGURIDAD MANTENGA LOS ESTANTES BLOQUEADOS.

De repente, me doy cuenta del significado de ese letrero. Me doy cuenta de que me podrían aplastar con mucha facilidad, de que tengo que salir de allí ya. Salgo de las estanterías y, con la ayuda de otro amable guía del hospital, vuelvo con Marilyn. Sin ganas de volver a aventurarme lejos de su cama.

Además de su medicación, a Marilyn se le administran esteroides que la ayudan a tolerar la infusión de cada miércoles y que le proporcionan bienestar durante las próximas cuarenta y ocho horas. Pero los viernes, sin falta, manifiesta síntomas desagradables, como náuseas, diarrea, escalofríos y una gran fatiga. Estas cuatro semanas de tratamiento han pasado muy lentamente, y me siento incapaz de concentrarme en otra cosa que no sea Marilyn y nuestra futura visita a la oncóloga. Estoy tenso y deprimido. Día a día, me maravilla que Marilyn lo haya llevado tan bien. Su estado varía de un día a otro. En una ocasión, acababa de volver de hacer las compras cuando la oí llamarme desde su sitio habitual en el sofá de la sala. Estaba temblando y me pidió que le acercara unas mantas térmicas, que fui a buscar en un santiamén. Dos horas después, se encontró mejor y tomó una pequeña cena dentro de su menú habitual, sopa de pollo y zumo de manzana.

A medida que se acerca la visita del jueves, mi recuerdo de lo que dijo M. se vuelve un poco borroso. Sí, me acuerdo de algo: de que al menos un tercio de los pacientes no toleran el nuevo tratamiento. La buena noticia es que Marilyn ha superado este obstáculo. Así que, si no lo recuerdo mal, M. dijo también que, de los pacientes restantes, dos tercios obtienen un resultado positivo con el tratamiento. Pero ¿qué pasa con el tercio que no responde bien? ¿Estaba diciendo, implícitamente, que, en ese caso, no quedan opciones de tratamiento? Me acuerdo de que me abstuve de hacer esa pregunta en presencia de Marilyn.

El martes por la noche, dos días antes de la cita con M., mi ansiedad aumenta. Llamo a mi hija Eve y a mi colega y amigo, el doctor David Spiegel, porque los dos también vinieron a la última consulta con M., y les pregunto qué recuerdan de la charla. No recuerdan que M. dijera de forma taxativa que si este tratamiento fallaba no quedaban más opciones, pero sí que se acuerdan de que Marilyn la interrumpió y dijo que no se sometería a otra forma de tratamiento, y que si no había buenos resultados, solicitaría cuidados paliativos.

Durante todo este periodo tan duro, Marilyn está aparentemente tranquila, mucho más tranquila que yo, e intenta calmar a menudo la preocupación que siento por su enfermedad. Pero, una y otra vez, habla del suicidio asistido por un médico. Pienso: «No se puede solicitar el suicidio asistido por un médico cuando hay tratamientos efectivos disponibles», pero no quiero machacarla con el tema. Se dará cuenta ella sola. Sigo recordándole todos los preciosos momentos que todavía vive. Cómo nos divertimos la otra noche, cuando buscamos en las aplicaciones de la televisión una película japonesa buena con nuestra nieta, Lenore. Nuestros preciosos momentos cogidos de la mano, sin más.

—Piensa en esos instantes —le digo entonces—, piensa en la bendición que significa que podamos estar experimentando esta preciosa conciencia. Amo cada minuto; nunca tendremos otra oportunidad de hacerlo. ¿Cómo puedes tirarlo por la borda?

—No me estás escuchando —me responde—. Me doy cuenta de lo precioso que es tener conciencia, pero no puedo explicarte lo mal que me siento la mayor parte del tiempo. Nunca has sufrido esto. Si no fuera por ti, habría encontrado la forma de acabar con todo hace mucho tiempo.

La escucho. Tiene razón.

Recuerdo momentos en los que me sentí tan mal como ella. Lo peor fue hace décadas ya, cuando regresamos de un viaje a Bahamas. Allí había contraído una infección tropical que me dejó fuera de combate durante meses. Vi a los mejores médicos expertos en infecciones tropicales, pero todo fue en vano. A menudo tenía vértigo, sentía náuseas y pasaba semanas en la cama. Al final, me apunté a un gimnasio, encontré a un entrenador y me obligué a recuperarme físicamente después de seis meses de enfermedad. Pero durante todo ese tiempo nunca pensé en el suicidio, le digo a Marilyn. Confié en que mi enfermedad pasaría, en la idea de que la vida es demasiado preciosa. Los episodios de vértigo postural —una experiencia horrible—, después de aquello, se repitieron durante años. Pero conseguí superarlos y hace varios años ya que no sufro de vértigo. Pero es una tontería comparar mi enfermedad con la de ella. Puede que Marilyn tenga razón: quizá subestimo el alcance de su agonía. Tengo que seguir intentando experimentar la vida desde su punto de vista.

El jueves, al fin, llega el día de nuestra visita a M. Finalmente sabremos si el tratamiento con inmunoglobulina de Marilyn está funcionando. Como estoy perdiendo la fe en mi capacidad para oír con precisión, les pido a David Spiegel y a su esposa, Helen Blau, que nos acompañen. Pero la cita es una decepción: todavía no han hecho una parte del trabajo de laboratorio necesario. Hay dos marcadores de laboratorio capaces de indicar la respuesta de Marilyn a la terapia. Uno es ligeramente positivo; el otro todavía no lo han solicitado al laboratorio.

Le hago un par de preguntas a la doctora. Le digo que he estado muy tenso esperando esta consulta, esperando saber si la inmunoglobulina funcionaba o no para Marilyn. ¿Estaba en lo cierto cuando esperaba esta información para hoy?

M. me dice que yo estaba en lo cierto, y que ella se equivocó al no dar la orden para el estudio de laboratorio. Nos asegura que lo hará de inmediato. Después de la visita, debemos ir directos al laboratorio para extraer una muestra de sangre. M. promete telefonear a Marilyn mañana con los resultados.

—Y una última pregunta —agrego—. Si este tratamiento con inmunoglobulina no ayuda, ¿hay otras opciones disponibles?

—Hay varias opciones disponibles —responde la doctora M.

Miro a Marilyn y noto que ella niega con la cabeza, de forma casi imperceptible, pero entiendo su mensaje: Olvídalo. Ya he tenido suficiente. No me someteré a ningún otro tratamiento.

Durante varios minutos, hacia el final de la consulta, Marilyn explica por qué no le teme a la muerte y cita algunos pasajes de mi libro *Mirar al sol*, incluida la frase de Nietzsche que dice «Muere en el momento justo». Dice que no se arrepiente de cómo ha vivido su vida. Mientras escucho, me siento muy orgulloso: de ella, de la claridad de su discurso, de su fortaleza. He sido afortunado, bendecido por haber tenido a Marilyn como mi extraordinaria compañera de vida. La doctora M. también se conmueve con sus palabras, y al final de la sesión la abraza y le dice lo amada que es.

He estado soñando mucho durante las últimas semanas, pero es extraño: no puedo recordar ni un solo sueño. Pero la noche siguiente a la visita con M. es una noche difícil, de la que recuerdo con claridad el fragmento de un sueño largo y aterrador:

estoy con una valija grande en la mano, haciendo dedo en una carretera desierta. Algo desagradable ha precedido a este momento, pero no puedo recordarlo. Un automóvil se detiene y un hombre me hace señas, dándome a entender que está dispuesto a llevarme. Pero hay algo temible, casi diabólico, en su rostro: desconfío de él, y con discreción le saco una foto a la matrícula de su coche con mi iPhone y se la envío por correo electrónico a un conocido. Me niego a entrar en el vehículo: nos quedamos en silencio durante un largo rato hasta que finalmente se marcha. Lo último que recuerdo es estar solo en la oscuridad al borde de la carretera. No pasan coches. No sé qué hacer ni adónde ir.

Cuanto más trato de analizar el sueño, más rápido se desvanece. Pero el sentido principal parece claro: estoy solo, sin hogar, asustado, perdido en la vida, esperando el final. Me quito el sombrero ante el creador de sueños que llevamos dentro.

Tampoco nos enteramos del resultado del laboratorio al día siguiente, un viernes, lo que implica esperar hasta el lunes. Mi agitación inquieta a Marilyn, que se acuerda de que M. ha dicho que nos llamaría apenas recibiera los resultados. Lo consulto con mi amigo David Spiegel, que me dice lo mismo que Marilyn. Estoy perdiendo la confianza en mi capacidad para oír y también para recordar hechos.

Me pongo tan impaciente que uso mi propia cuenta de usuario de la facultad de Stanford para verificar los resultados en mi ordenador sin decírselo a Marilyn. La complejidad del informe es abrumadora, pero me parece que no muestra ningún cambio significativo. Desesperado, se lo oculto a Marilyn. Esa noche duermo mal otra vez y, a primera hora de la mañana siguiente, Marilyn recibe un correo electrónico de M., que dice que se siente «cautamente optimista» ante los resultados del laboratorio. Adjunta una captura de pantalla que muestra una reducción sustancial, durante las últimas semanas, de algunos de los indicadores negativos.

Mi mala interpretación de los resultados de laboratorio me recuerda, una vez más, que mi diploma de médico está anticuado: soy médico solo en el título, y ya no estoy capacitado para comprender la práctica médica contemporánea ni los resultados de laboratorio. Nada volverá a convencerme de lo contrario.

Capítulo 12

UNA GRATA SORPRESA

Septiembre

Espero la visita de Ivory, una amiga que acaba de regresar de Copenhague. Ivory quiere regalarme unos chocolates muy especiales, que se hacen solo en Dinamarca. La conozco gracias a los talleres literarios para mujeres escritoras que dirigí durante años. Ella era una de las participantes que venía de forma regular tanto durante el año como en el taller de verano, al que también podían acudir los esposos de las escritoras. Es un placer morder los chocolates con avellana cuya caja abre Ivory para Irv y para mí. Me encanta volver a ver a esta mujer, a quien recuerdo embarazada de su primer hijo, que ahora tiene nueve años. Ivory tiene una editorial pequeña que publica libros en internet y, bajo demanda, también ediciones en papel. (Fue ella quien volvió a publicar mi libro sobre las memorias de mujeres de la Revolución francesa, *Compelled to Witness*, cuando ya estaba descatalogado, ¡libro que ha alcanzado una segunda vida en las clases de historia de la secundaria, y que incluso me ha generado algunas ganancias en concepto de derechos de autor!)

Ivory me está contando algunos de los nuevos proyectos que ha emprendido para financiar sus aspiraciones editoriales cuando suena el timbre. La puerta de entrada se abre al instante y aparece una cara familiar. Luego otra. Y otra más. ¡Hasta que una veintena de participantes de mi antiguo taller llenan la sala de estar! Me quedo *bouche bée*, boquiabierta, ¡completamente sorprendida y asombrada! ¿Cómo es que Ivory ha organizado esta reunión sin que yo tuviera idea?

Resulta que lo ha estado organizando todo durante meses, después de que yo hubiera dejado de hacer los talleres por mis problemas de salud. Esta visita colectiva es un sustituto simbólico del taller que solía realizar en nuestra casa de Palo Alto a finales del verano. Pero esto no es todo.

Ivory me entrega un libro, con un bello diseño, que lleva el título *Cartas a Marilyn*. Es evidente el enorme esfuerzo que ha hecho para su publicación, así como para reunir a las *salonnières*. Dentro del libro hay treinta cartas escritas por ellas, algunas de las cuales no han podido estar presentes hoy. Abro el libro al azar y, de inmediato, me sorprende la importancia que estas mujeres me atribuyen como influencia en sus vidas. Una comienza: «¡Puede que no sepas lo importante que has sido para mí desde que nos conocimos!». Otra: «¡Qué mundos me has abierto!». Y otra: «¡He tenido el privilegio y la suerte de conocerte!».

¿Cómo reaccionar ante tales testimonios con honestidad pero sin perder las formas? Estoy realmente abrumada. Porque, junto con el sentimiento de gratitud, también siento en el fondo que no merezco semejantes alabanzas. En los últimos meses, son muchas las personas que ya me han dicho muchísimas cosas amables y que se han mostrado preocupadas por mi estado de salud, por medio de cartas, flores y comida. Sin embargo, este grupo es especial: un grupo de escritoras, profesoras, académicas independientes, fotógrafas y cineastas que han formado parte de mi vida durante más de medio siglo. Stina Katchadourian, a quien conozco desde 1966, comienza así su carta: «Amiga, confidente, mentora, mujer sabia, mujer de llevar lápiz en mano, mujer que está siempre ahí, como una montaña, casi pariente, hermana». Esta y tantas otras cartas me hacen llorar y las guardo todas para leerlas una y otra vez.

Cartas a Marilyn es una «edición limitada de una copia» editada por Ivory Madison y diseñada por Ashley Ingram. La portada muestra una foto mía, tomada hace unos treinta y cinco años, sentada frente a mi escritorio. Nunca ha habido, en mi opinión obviamente sesgada, una edición limitada más hermosa. Ni más significativa para una persona que se acerca al final de su vida.

Pasa una hora en un abrir y cerrar de ojos, mientras hablo unos minutos con cada una de las visitantes. Me resulta de suma importancia pasar un ratito junto a Barbara Babcock, profesora de Derecho en Stanford, que se ha sometido a un tratamiento de quimioterapia para el cáncer de mama. Ella ha sido una de mis primeros modelos de valentía. Mu-

cho antes de que me diagnosticaran el mieloma
múltiple, solíamos juntarnos a comer con regularidad, en un restaurante o en su casa, cuando ella estaba enferma. Sin embargo, no nos habíamos visto
desde que comencé mis tratamientos. Hablamos de
los padecimientos asociados a la enfermedad y también del apoyo amoroso de nuestros maridos.

Estoy muy contenta también de ver a Myra Stro-
ber, una querida amiga y también colega, desde que
me contrató como investigadora superior y admi-
nistradora en el antiguo CROW (Center for Research
on Women) en 1976. Sin Myra, la segunda mitad de
mi vida habría sido por completo distinta. Y me
siento muy agradecida de que haya podido venir
hoy, a pesar de que ha pasado hace unas pocas semanas por una operación de cadera y de la grave
enfermedad de su marido, que sufre mal de Parkin-
son.

Ellas dos, Barbara y Myra, se distinguen por ser
las primeras mujeres contratadas, las dos en 1972,
por la facultad de Derecho de Stanford y la Escuela
de Negocios de Stanford, respectivamente. Las dos
han sido mentoras de muchas otras mujeres en sus
largas carreras, y han escrito, también, autobiogra-
fías relatando sus experiencias personales y profe-
sionales.

Entre las caras conocidas también está Meg Clay-
ton. Le pido que nos hable de su nueva novela his-
tórica, *El último tren a la libertad*, que se publicará
próximamente en inglés y que ya tiene los contratos
firmados para su traducción a diecinueve idiomas.
He tenido el privilegio de observar la transforma-

ción de Meg, durante los últimos años, porque ahora es ya una escritora importante de verdad. En la
carta que me envió, Meg cita «Que venga la noche»,
de Jane Kenyon, un poema que el difunto John Felstiner nos había leído, hace años, en esta misma sala
de estar donde ahora estamos sentadas. Aquí copio
una parte del poema, tan apropiado para mis condiciones de vida actuales:

> *Que el zorro retorne a su guarida*
> *arenosa. Que amaine el viento.*
> *Que oscurezca dentro del cobertizo.*
> *Que venga la noche.*
> *A la botella en la zanja,*
> *a la pala en la avena,*
> *al aire en el pulmón,*
> *que venga la noche.*
> *Que venga, como sea,*
> *y no temas.*
> *Dios no nos deja*
> *sin consuelo, que venga la noche.*[1]

Cuando se van todas, me quedo sentada un rato
largo, pensando en la efusión de amor que he vivido hoy. ¿Realmente fui tan amable y generosa con
ellas como me han dicho? Será herencia de mi madre, la persona más dulce y amable que he conocido. Mi madre era amable con todos. Incluso con
ochenta años, llamaba a la puerta de los vecinos de

---

1. Jane Kenyon, *De otra manera*. Traducción de Hilario
Barrero, Valencia, Editorial Pre-Textos, 2007 (La Cruz del Sur).

su edificio para preguntarles si necesitaban algo
de la tienda. Tiempo después, la llevamos a una
residencia de ancianos cerca de casa, en Palo Alto.
Siempre guardaba dulces para regalar a los nietos
cuando iban de visita. Ella me educó para ser sociable por naturaleza, para «dar más que recibir».
Mi madre me enseñó a reflexionar de antemano
sobre cómo mis palabras y acciones podrían hacer
sentir a otra persona. Por supuesto que no siempre
seguí su ejemplo. Hay momentos en los que recuerdo haber sido irreflexiva o, incluso, intencio-
nadamente egoísta, actuando a expensas de otras
personas. Es una suerte que mis amigas de hoy
solo hayan visto mi mejor cara.

Sin embargo, hay una línea de pensamiento más
oscura que sigue chocando con esta imagen de mí
misma al estilo de la protagonista de *Pollyanna*: es
posible que, en buena medida, los elogios de los
que he sido objeto estén provocados por mi enfermedad, y por la idea de que no estaré aquí mucho
tiempo más. Quizá esta reunión haya sido la última
vez que vea a muchas de estas personas. ¿Han venido solo para «presentar sus últimos respetos», como
suele decirse? Bueno, incluso si es así lo acepto. Lo
importante es que ha sido un día hermoso, único,
que atesoraré durante el resto de mi vida, sea larga
o corta.

Capítulo 13

ASÍ QUE AHORA LO SABES

Octubre

Nuestra vida ha experimentado un cambio importante desde la última visita con la doctora M., que nos ha dicho que, por fin, algunos de los resultados del laboratorio sugerían que Marilyn estaba mejorando. Marilyn ha vuelto a mí. No va a morir en el futuro cercano y, en este momento, sospecho que es probable que me sobreviva. He recuperado a mi vieja Marilyn, y hemos pasado unos días maravillosos juntos.

Como de costumbre, la acompaño al hospital durante varias horas el miércoles, cuando recibe su infusión. Durante uno o dos días, está más alegre, más como ella misma suele ser. Por lo general se siente bien los jueves, pero esta semana es diferente: realmente está de muy buen humor. Es la Marilyn que conocí antes de que enfermara, la Marilyn que no había visto en mucho tiempo.

El viernes, dos días después de la quimioterapia, se siente lo bastante bien como para ir a cenar a un restaurante. Esta debe de ser la tercera vez que cena-

mos fuera desde que enfermó. Vamos a nuestro sitio de siempre, Fuki Sushi, a solo unas manzanas de
casa. Allí sirven platos como zosui y sopa de miso,
comidas que sabemos que Marilyn puede digerir
con facilidad. Habremos cenado allí unas quinien-
tas veces a lo largo de los últimos cincuenta años.
Un año nos regalaron un juego de cuchillos de carne por ser sus clientes más fieles.

A la mañana siguiente, sábado, Marilyn se despierta con una gran sonrisa en el rostro.

—Tuve un sueño impresionante, vívido, el sueño
más divertido que he tenido en meses, quizá en
años.

»Estoy en la casa de mi infancia, en Washington
D. C., y me escabullo por la escalera hasta mi habitación con un hombre cuyo rostro no puedo ver. Se
mete en la cama conmigo y empezamos a hacer el
amor, pero él de repente se mea en la cama. Tengo
que levantarme y cambiar las sábanas. Luego bajo
la escalera para preparar una taza de té, y cuando
vuelvo a subir los escalones, oigo un ruido, o un
movimiento, al otro lado del pasillo, en la habitación de mi madre. Llamo a la puerta y la abro un
poco. ¿A quién veo allí sino a nuestro hijo Ben, des-
nudo y sentado en la cama de mi madre, con una
gran sonrisa en su rostro?

»Mi madre me mira y dice: "¡Así que ahora lo
sabes!".

»Yo respondo: "También hay alguien en mi habitación. Ahora lo sabes".

Los dos nos reímos de este sueño absurdo y tra-
tamos sin éxito de buscarle un sentido. Marilyn

sueña con ser joven en el hogar donde creció. Pero tiene una aventura con un desconocido, un incontinente que se orina en la cama, algo propio de un anciano. Y luego, el extraño y divertido encuentro con su madre, una mujer muy dulce y cariñosa que está en la cama con nuestro hijo adulto Ben.

Incesto, viajes en el tiempo, humor absurdo, etapas de la vida, rebelión contra el envejecimiento: ¡está todo ahí!

Un rato después, Marilyn me dice que piensa que el sueño se ha originado al ver a Ben sentado en la cama charlando conmigo. Tenía la misma sonrisa que en el sueño. Por supuesto, apuntamos a la interpretación edípica de Freud del incesto madre-hijo, que Marilyn ha disfrazado atribuyéndoselo a su madre. En cuanto al amante mayor, con toda probabilidad era yo, aunque todavía me falta un poco para orinarme en la cama.

Marilyn está de tan buen humor durante todo el día que siento que mi mente vuelve a estar en su sitio: ¡he recuperado a mi Marilyn! Pero, ay, no por mucho tiempo: a la tarde siguiente vuelve a tener náuseas y está tan fatigada que apenas puede levantarse del sofá. Este cambio tan drástico, de un día para otro, es incomprensible, me siento impotente de nuevo. Le digo, y lo digo en serio, que me gustaría poder apropiarme de su enfermedad y sentir náuseas y fatiga por ella.

Estas enormes fluctuaciones persisten. Al día siguiente, se siente otra vez bien, y en general parece estar mejorando. La enfermedad de Marilyn ha eclipsado todo lo demás, pero ahora tengo tiempo para pensar sobre el curso de mi propia vida. Me quedan muy pocos amigos ya, la mayoría de mis viejos amigos y conocidos más cercanos han muerto. Aparte de Marilyn, solo un par siguen vivos. Está mi primo, Jay, tres años menor, a quien conozco desde que nació. Vive en Washington D. C. y hablamos por teléfono al menos cuatro o cinco veces por semana. Pero ninguno de los dos está dispuesto a viajar, y es poco probable que vuelva a verlo en persona. Hablo una vez a la semana por teléfono con Saul Spiro, que hizo la residencia conmigo en Johns Hopkins. Vive en el estado de Washington, pero está demasiado enfermo como para viajar. Ayer mismo leí en el *Stanford Report* que Stanley Schrier había muerto. Amigo y vecino mío durante años, Stanley era el profesor de Hematología de Stanford que nos había puesto en contacto con la doctora M. Por su obituario, me entero de que tenía noventa años, dos más que yo. Dos años más me parece bien: probablemente viviré dos años más. Pero si Marilyn no estuviera ahí para acompañarme, no me gustaría quedarme tanto tiempo.

Ahora soy un hombre jubilado y he dejado el trabajo que amo. Echo mucho de menos ser terapeuta. Solo han pasado un par de meses desde que me jubilé. Todavía recibo a tres o cuatro pacientes por semana, en el formato de sesión única, pero puedo decir que el trabajo de mi vida como terapeuta ha terminado, y estoy de luto por ello. Echo de menos la profunda intimidad que surge en el proceso de terapia. Nadie me invita ya, excepto Ma-

ASÍ QUE AHORA LO SABES 135

rilyn, a entrar en las cámaras más recónditas y oscuras de su personalidad.

Mientras busco la mejor manera de describir la hondura y el alcance de mi pérdida, me viene a la mente el rostro de una paciente. Qué extraño pensar en esta persona en particular: la vi solo una vez, hace muchos años. Pero apenas un par de semanas atrás, mientras hojeaba algunos de mis viejos escritos inéditos, encontré estas páginas de una historia que había comenzado a escribir sobre ella:

El día de mi cumpleaños número sesenta y cinco, vino a verme a mi consultorio Phyllis, una mujer mayor, atractiva y un poco sombría. Obviamente incómoda con la situación, más que sentada estaba encaramada en el borde de la silla, como un pájaro preparado para levantar el vuelo en cualquier momento.

—Bienvenida, Phyllis. Encantado de conocerla. Lo que sé hasta ahora, por su correo electrónico, es que no duerme bien y que a veces se siente ansiosa. ¿Empezamos? Cuénteme más acerca de usted...

Pero Phyllis estaba demasiado incómoda para empezar.

—Necesito uno o dos minutos; no estoy acostumbrada a hablar de mí misma, de mi yo oculto. —Miró detenidamente el consultorio, y sus ojos se fijaron en una fotografía autografiada del gran jugador de béisbol de los Yankees de Nueva York Joe DiMaggio, colgada en la pared.

—Fue uno de los héroes de mi infancia —le comenté.

La cara de Phyllis se iluminó con una sonrisa de oreja a oreja.

—Joe DiMaggio, lo conozco bien, es decir, sé algo sobre él. Crecí en San Francisco, en North Beach, no muy lejos de donde él vivía, a solo un par de manzanas de la iglesia donde se casó con Marilyn Monroe.

—Qué casualidad, yo también pasé mucho tiempo en North Beach. Solía almorzar en el restaurante de DiMaggio, creo que era de su hermano Dominic, donde hoy está Original Joe's. ¿Lo vio jugar alguna vez?

—Solo en la tele. Me encantaba verlo correr hacia las bases. Era tan elegante... Lo vi un par de veces caminando por el área del distrito de Marina, en San Francisco. Ahí es donde vive ahora.

Al notar que se había arrellanado lentamente en su silla, que se iba poniendo más cómoda, pensé que era hora de ponernos manos a la obra.

—Entonces, cuénteme sobre usted, Phyllis. Dígame qué la trae por aquí...

—Bueno, tengo ochenta y tres años, he trabajado la mayor parte de mi vida como enfermera anestesista. Me jubilé hace ya unos cuantos años. Vivo sola. Nunca me he casado. Seguro que está pensando que soy una persona aislada. No tengo familia, excepto un medio hermano lejano, y sufro mucho de insomnio y ansiedad.

Sus labios temblaron mientras me sonreía. Parecía casi disculparse por hacerme trabajar duro.

—Veo que no le resulta fácil hablar abiertamente de usted, Phyllis. ¿Supongo que es la primera vez que habla con un terapeuta?

Ella asintió.

—Y dígame, ¿por qué ahora? ¿Qué la ayudó a tomar la decisión de llamar y venir?

—Nada en particular. Las cosas siguen empeorando, en especial el insomnio y el aislamiento.

—¿Y por qué me ha elegido a mí como terapeuta, si puedo saber?

—He leído varios de sus libros. Y me dieron la sensación de que podía confiar en usted. El último que leí fue *Desde el diván*. Tuve la impresión de estar leyendo a una persona flexible y amable, no a alguien rígido en su manera de encarar la terapia. Lo más importante es que lo vi como alguien que no es un criticón.

Estaba claro que lidiaba con un gran sentimiento de culpa. Mantuve la voz suave en la que venía hablando y le respondí:

—Tiene razón. No me considero una persona criticona. Estoy de su lado, estoy aquí para ayudarla.

Phyllis comenzó a describir su traumática juventud. Su padre desapareció cuando ella tenía tres años. Nunca más supo de él, y su madre nunca volvió a mencionar su nombre. Su madre, dijo, era una mujer viciosa, fría y narcisista, y cuando uno de los muchos hombres que traía a casa intentó abusar de ella, cuando tenía apenas quince años, Phyllis se escapó. Se prostituyó, vivió con una serie de hombres y luego, de milagro, se las arregló para terminar la escuela secundaria y cursar sus estudios universitarios y la carrera de Enfermería. Ha trabajado toda su vida adulta como enfermera anestesista.

Se reclinó en su silla, respiró hondo un par de veces y continuó:

—Así que, en pocas palabras, esa es mi vida. Ahora, la parte difícil. Hace algunos años, mi hermana se puso en contacto conmigo para decirme que nuestra madre estaba en las últimas etapas de un cáncer de pulmón; estaba con oxígeno y había entrado en coma en una unidad de cuidados paliativos. «Está cerca de la muerte», recuerdo que me dijo, «he estado con ella las últimas tres noches y ya estoy hecha polvo. Por favor, Phyllis, ¿podrías pasar esta noche con ella? No está consciente, no necesitas hablarle».

»Estuve de acuerdo; mi hermana y yo habíamos vuelto a hablarnos algunos años antes, e incluso comenzamos a quedar para almorzar juntas cada uno o dos meses. Acepté su petición, pero lo hice por ella, por mi hermana, no por mi madre. Hacía muchas décadas que no veía a mi madre y, como ya le he dicho, realmente me importaba un carajo mi madre. Accedí a sentarme a su lado esa noche solo para que mi hermana descansara un poco. A eso de las tres de la mañana, lo recuerdo con tanta claridad como si fuera ayer, la respiración de mi madre se hizo irregular y estertorosa, y le subió a los labios la espuma del edema pulmonar. He pasado por esto con tantos pacientes que ya sabía que mi madre estaba por exhalar su último aliento. Estaba segura de que le llegaría la muerte en cualquier momento.

La cabeza de Phyllis estaba inclinada. Hizo una pausa que duró varios segundos y luego, mirándome, susurró:

—Tengo que decírselo a alguien, ¿puedo confiar en usted?

Asentí.

—Apagué el oxígeno..., lo apagué justo antes del último aliento.

Nos sentamos en silencio durante un rato. Y me preguntó:

—¿Fue piedad o venganza? Me lo sigo preguntando.

—Tal vez un poco de ambas cosas —le respondí—. O tal vez es hora de dejar de hacerse la pregunta. Qué terrible debe de haber sido para usted guardarse todo esto durante tantos años. ¿Cómo se siente al compartir este recuerdo finalmente?

—Me da tanto miedo que ni siquiera puedo hablar del tema.

—No huya del miedo. Le agradezco mucho que me haya confiado este secreto tan íntimo. ¿Qué cree usted que la ayudaría? ¿Hay algo que pueda preguntarme, algo que pueda decirle, que pueda sacarle ese peso de encima o ayudarla de alguna forma?

—Necesito decirle que no soy una asesina. He asistido a los últimos momentos de muchos pacientes. Tantos pacientes. Solo le quedaba un aliento más. Dos como máximo.

—Déjeme decirle lo que yo pienso.

Los ojos de Phyllis se dispararon hacia los míos, como si su vida dependiera de mis próximas palabras.

—Pienso en esa niña, esa niña indefensa, violentada, vulnerable, esa niña abandonada a su suerte y a las exigencias y caprichos de los demás. Qué trágico que tuviera que ser usted quien presenciara los últimos momentos de su madre. Y qué comprensible que necesitara tomar las riendas de la situación.

Aunque quedaban veinte minutos para terminar la hora, Phyllis recogió sus pertenencias, se puso de pie, puso el cheque sobre la mesa, articuló un «gracias» y se fue. Nunca volví a verla ni a saber de ella.

Este encuentro de hace tantos años tiene todo lo que echaré de menos durante el resto de mi vida: la sensación de compromiso y confianza de la terapia, el poder compartir momentos íntimos y oscuros con otra persona. Y, sobre todo, la oportunidad de darles tanto a los demás. Esa ha sido mi forma de vida durante muchos años. Le doy mucho valor a eso. Lo echaré de menos. Hay tanto contraste entre eso y una vida de postración, en la que me ayude un cuidador, una vida que, me temo, no queda ya muy lejos...

Marilyn me pregunta por qué he elegido esta historia en lugar de cualquier otra de entre mis abundantes notas. Le doy la misma respuesta: porque representa a la perfección las conversaciones íntimas que ya no tendré con mis pacientes. Me sugiere que puede tener algo que ver con los problemas del final de la vida, el momento en el que uno finalmente se desconecta. Quizá tenga razón.

Capítulo 14

SENTENCIA DE MUERTE

Octubre

La doctora M. llamó ayer para decirme que debo interrumpir el tratamiento con inmunoglobulina. Los últimos resultados del laboratorio indican que no está funcionando. Aunque sea extraño, me siento aliviada al oírla. Ya no tendré que sufrir los tóxicos efectos secundarios de los medicamentos que me han administrado desde principios de este año. Esta semana fue peor de lo habitual, y no hice más que preguntarme: «¿Vale la pena prolongar la vida a este coste?».

Por supuesto, no sé qué dolor me espera si dejo que la enfermedad siga su curso natural. Los médicos de cuidados paliativos me aseguran que harán todo lo posible para aliviarme el sufrimiento, pero no quiero ni empezar a imaginar cómo será. Por ahora, me basta con enfrentarme a la muerte.

Morir a los ochenta y siete años no es una tragedia, especialmente si pensamos en todas las personas que han muerto jóvenes. Esta semana, la reportera Cokie Roberts murió a los setenta y cinco años.

Tenía con ella un vínculo especial: las dos recibimos el premio Wellesley para exalumnas distinguidas. Mi retrato cuelga en un salón de gala en esa universidad, junto con el suyo y el de exestudiantes mucho más famosas, como Hillary Clinton y Madeleine Albright. Me enorgullece pensar que yo también fui parte del movimiento feminista que ha promovido los derechos de las mujeres a lo largo de las dos últimas generaciones. Ese fue mi momento. Lo que pase en el futuro, después de mi muerte, ya no está en mis manos.

Supongo que he estado pensando en la muerte durante tanto tiempo que no me sorprende la noticia. A estas alturas, todos mis hijos han recibido ya la noticia, y su amor me da fuerzas. Mi hijo Reid y su esposa, Loredana, se ocuparon de nosotros durante el fin de semana. Cocinaron para mí una gran cantidad de sopa de pollo y, de postre, compota de manzana. Eve vino enseguida desde Berkeley y nos ayudó a digerir las malas noticias. Victor vendrá mañana y pasará la noche con nosotros, y Ben llegará más adelante esta misma semana.

Si las fuerzas me lo permiten, tengo planeado ir con Irv y Eve a ver la nueva producción de Ben en San Francisco: *Dionysus Was Such a Nice Man*. Por increíble que parezca, Ben se las ha arreglado para mantener a flote su compañía de teatro durante veintiuna temporadas. Recibió una excelente crítica del *San Francisco Chronicle* y me alegro muchísimo por él. Realmente me gustaría verla, pero depende de si me siento con fuerza y en condiciones. Esta es mi nueva fórmula: concéntrate en ti misma y en tus necesidades diarias, me digo. Es hora de dejar que los otros se ocupen de sí mismos también. Ya no te necesitan.

Por supuesto que sí me preocupo por Irv. Hace meses que me está cuidando y debe de estar exhausto. Con sus propios problemas de salud, además de los míos, necesita toda la ayuda que pueda darle. Nuestra amiga Mary, que cuidó de su esposo durante más de tres años antes de su muerte, me ha hablado sobre la difícil situación de los que cuidan a alguien. Pudo unirse a un grupo de mujeres que estaban pasando por lo mismo, y juntas compartieron todos esos problemas. Incluso hoy en día, dos años después de la muerte de su esposo, se reúne con ellas de forma regular.

Me cuesta imaginarme a Irv sumándose a un grupo de apoyo de estos, por no decir que, en el caso de Mary, todos los integrantes del grupo eran mujeres. Durante muchos años, Irv se ha reunido una vez por semana con un grupo de psiquiatras para tratar sus problemas personales, y creo que eso lo ha ayudado mucho. Aunque racionalmente entiende que me estoy muriendo, todavía se niega a aceptarlo del todo. Cuando le dije que no sabía si en Navidad iba a estar viva o no, me miró con incredulidad y dijo: «Por supuesto, estarás al frente de la reunión familiar como siempre». No sé si es mejor hablar con él abiertamente del poco tiempo que tengo por delante o dejarlo sumido en su falta de aceptación de la realidad.

La idea de la muerte no me asusta. No creo en una vida futura más allá de una «reintegración al cosmos» y puedo aceptar la idea de que ya no existiré más. Mi cuerpo finalmente se desintegrará en la tierra. Cuando mi madre murió, hace más de veinte años, la enterramos en el cementerio de Alta Mesa, a poca distancia de nuestra casa. En ese momento, también compramos dos parcelas del cementerio, cerca de la suya, para nosotros dos. Las frecuentes visitas al cementerio hicieron que iniciáramos el proyecto del libro *The American Resting Place* con mi hijo Reid y nos abrieron una perspectiva por completo nueva sobre el entierro y la incineración.

Hoy en día, en Estados Unidos la incineración es más popular que el entierro tradicional, y las preocupaciones de los ecologistas están obteniendo cada vez más atención. Por ejemplo, en el estado de Washington uno puede ser enterrado de manera tal que el cuerpo se convierta en abono orgánico. En California, una *startup* está comprando bosques para ofrecerles a las personas la posibilidad de que su cadáver fertilice un árbol específico. Me gusta la idea de que me entierren en un simple ataúd de madera, a poca distancia de nuestra casa, justo enfrente de la escuela secundaria a la que asistieron nuestros cuatro hijos. En el futuro, si vienen a visitar mi tumba, estarán rodeados de recuerdos de su infancia.

Ahora que siento que mi vida llega a su fin, ¿cómo voy a despedirme de mis amigos? Tantas personas han sido tan buenas conmigo durante mi enfermedad que no quiero desaparecer de sus vidas sin que sepan lo mucho que han significado para mí.

Una llamada telefónica para despedirme de ellos requiere mucha energía. Una carta me parece algo más sustancial, pero ¿tendré el tiempo y la energía para escribirle a cada uno? En cierta tradición judía, según dice Elana Zaiman en su libro *The Forever Letter*, uno escribe una última carta a sus seres queridos para comunicarles sus sentimientos y, también, cualquier pequeña lección de sabiduría que desee transmitir o destacar. Pero las cosas que aprendí y la sabiduría que me ha dado la vida, poca o mucha, no es algo que pueda condensar en una carta breve. Solo espero poder estar a la altura de mis expectativas de morir de tal manera que cause el mínimo dolor a los demás... y a mí misma.

Mi forma de despedirme de mis amigos va a ser tomando una taza de té al atardecer. Ya he comenzado a ver a algunos de ellos con este propósito y programaré otros encuentros para las próximas semanas. Espero tener tiempo para despedirme en persona de todos los que han enriquecido tanto mi vida y me han dado fuerzas en estos últimos meses difíciles.

Pero es extraño darme cuenta de que, si quiero hacer algo, tendré que hacerlo rápido. Se me ocurre que debería preparar una caja para cada uno de nuestros hijos y llenarla con cosas que puedan ser de interés para ellos o para sus hijos o nietos en el futuro. Me imagino una caja guardada en el ático, que un remoto descendiente nuestro se pone a examinar cuando Irv y yo ya somos solo nombres en su árbol genealógico. ¿Qué hará con el artículo titulado «Insignia de la asociación estudiantil de la escue-

la secundaria de Irv, entregado a Marilyn en 1948»?
¿Se maravillará con un álbum de fotos tomadas en
nuestro quincuagésimo aniversario de bodas? ¿Debo
incluir un álbum de recortes de reseñas de mi libro
Historia del pecho, publicado en 1997?

Es difícil aceptar que todos los libros, papeles y
objetos que han acompañado mi vida tendrán muy
poco significado para mis hijos y nietos. De hecho,
es probable que sean una carga para ellos. Sé que les
haré un favor al deshacerme de la mayor cantidad
de «cosas» que pueda.

Cuando Irv y yo visitamos a la doctora M. por última vez, le planteo dos preguntas: ¿cuánto tiempo
más puedo esperar seguir con vida? y ¿cómo empezamos con el suicidio asistido?

—Nadie puede saberlo con exactitud —dice, respondiendo a la primera pregunta—, pero calculo
que podría ser entre uno y dos meses.

Esto es un *shock*. Esperaba un tiempo un poco
más largo. Dos meses apenas da para cumplir mi
plan de ver una vez más a todos mis amigos íntimos
y llenar una caja de objetos importantes para cada
hijo. Por fortuna, ya hemos programado una «celebración», en apenas dos semanas, para todos nuestros hijos y nietos. El motivo de la celebración, en
un principio, era el sexagésimo cumpleaños de nuestro hijo Victor, y otros tres cumpleaños de miembros de la familia que también caen en octubre: se
trata de las tres esposas de nuestros hijos varones,
Marie-Helene, Anisa y Loredana. Ahora rebautiza-

mos la fiesta como «Cuatro cumpleaños y un funeral», en alusión a la película. Solo para mantener el sentido del humor.

En cuanto al suicidio asistido, el trámite requiere la firma de dos médicos que certifiquen que el paciente se encuentra próximo a la muerte y sin curación posible a la vista. Creo que serán M. (hematología) y S. (medicina paliativa). Me sorprende saber que la muerte sobreviene por la ingestión de una gran cantidad de píldoras, no por una inyección, ni siquiera por una única pastilla.

Así las cosas, hasta ahora estoy relativamente tranquila. Después de diez meses de sentirme mal la mayor parte del tiempo, es un alivio saber que mi desdicha llegará a su fin. De una forma extraña, siento que he «pagado» por cualquier pecado o maldad que haya cometido en mi vida. El concepto religioso de juicio y castigo, o de recompensa después de la muerte, ha tomado en mi mente la forma de un equivalente secular: siento que ya he sufrido bastante físicamente antes de morir. ¿Y quién sabe lo que me espera antes de besar a Irv por última vez?

Capítulo 15

ADIÓS A LA QUIMIOTERAPIA
(Y A LA ESPERANZA)

Octubre

Me daba pánico pensar en el día en el que, por fin, íbamos a ver a la doctora M. para hablar en profundidad sobre la finalización del tratamiento. M. llega puntual a la cita y responde a todas nuestras preguntas (que son muchas) de manera erudita y amable. Le pregunto por qué Marilyn no ha respondido bien al tratamiento: hemos oído hablar de muchos conocidos que vivieron durante años, décadas, con mieloma múltiple. M. nos dice, con una mirada triste en su rostro, que la ciencia médica no sabe por qué algunos pacientes con esta enfermedad no responden al tratamiento o por qué otros, como Marilyn, experimentan efectos secundarios tan tóxicos que hacen que la terapia sea imposible.

Entonces, Marilyn, que nunca se corta, va al grano:

—¿Cuánto tiempo tengo? ¿Cuánto tiempo cree que viviré?

Me aturde oírla preguntar eso. Y me da pena la doctora M. Sé que odiaría estar en su lugar. Pero ella no parece inmutarse y da una respuesta directa:

—Nadie puede saberlo con exactitud, pero calculo que podría ser entre uno y dos meses.

Me quedo sin habla. Marilyn también se queda descolocada: esperábamos de tres a seis meses más. Es extraño cómo la ansiedad distorsiona la percepción. Estoy tan conmocionado que mi mente cambia de rumbo y empiezo a preguntarme con qué frecuencia M. tiene que entablar estas conversaciones con sus pacientes. La miro: es atractiva, tiene una forma de hablar sosegada y compasiva. Espero que tenga con quien desahogarse del estrés que debe de sentir a diario. Me maravilla la agilidad de mi mente, porque me doy cuenta de que está intentando protegerme: apenas oigo las palabras «uno o dos meses», de repente cambio el foco a otra parte y comienzo a pensar en la experiencia diaria de la doctora M.: divago porque no puedo soportar la idea de que mi Marilyn no vaya a vivir más de un mes.

Marilyn, dignísima como siempre, parece imperturbable. Le gustaría hablar sobre el suicidio asistido por un médico y le pregunta a la doctora M. si estaría de acuerdo en firmar la aprobación. Entro en estado de *shock* otra vez. Siento que no estoy pensando de forma coherente. Me preocupa saber que morirá tragando pastillas. Siempre había creído que sería mediante una inyección intravenosa. Mientras que yo soy capaz de ponerme varias pastillas en la boca y tragarlas juntas con facilidad, Marilyn solo puede tragar una a la vez de forma parsimoniosa y lenta. ¿Qué pasará cuando llegue el momento? Me imagino que podría usar un mortero y moler los comprimidos para hacer una emulsión con el polvo. Entonces empiezo a imaginarla llevándose la emulsión a los labios, pero es demasiado y las imágenes empiezan a desdibujarse.

Me echo a llorar. Pienso en cómo siempre he cuidado a Marilyn: medía poco menos de metro y medio y pesaba apenas cincuenta kilos cuando la conocí hace setenta y cuatro años. De repente, me imagino una escena en la que le doy pastillas letales y empieza a ahogarse con ellas, una tras otra. Borro esta horrible escena de mi mente, que de inmediato la reemplaza con imágenes de Marilyn dando un discurso de despedida en McFarland, la secundaria a la que fuimos, y en Roosevelt, donde hicimos el bachillerato. Yo era más grande y fuerte, yo era el que lo sabía todo sobre el mundo de la ciencia y siempre siempre trataba de cuidar a Marilyn, de mantenerla a salvo. Y ahora, me estremezco al imaginarme llevándole esas píldoras asesinas y dándoselas una a una.

Al día siguiente, me despierto alrededor de las cinco de la mañana con una intuición reveladora. «¿No te das cuenta —me digo a mí mismo— de que la muerte no es cosa del futuro? Marilyn ya se está muriendo.» Casi no come, se la ve fatigada, como los enfermos terminales. Ni siquiera logro que camine cinco minutos hasta el buzón de la entrada de nuestra casa. Marilyn se está muriendo ahora, no es algo que vaya a suceder más adelante. Está sucediendo ahora mismo. Estamos en mitad del proceso. A veces me imagino tomando las pastillas y muriendo a su lado. Me imagino a mis amigos terapeutas discutiendo entre ellos sobre si deberían llevarme a un hospital psiquiátrico para internarme porque soy una persona con riesgo de suicidio.

Capítulo 16

DE LOS CUIDADOS PALIATIVOS
AL CENTRO PARA ENFERMOS TERMINALES

Noviembre

Al no tener nada más que ofrecernos, la doctora M.
deriva a Marilyn a los médicos de cuidados paliativos, la rama de la medicina que se enfoca en exclusiva en reducir el dolor y en hacer que los pacientes
vivan el tiempo que les queda lo más cómodamen-
te posible. Marilyn y yo, acompañados por nuestra
hija Eve, tenemos una larga visita con la doctora S.,
la jefa de Cuidados Paliativos, una mujer cálida y
amable que examina el historial clínico completo,
le realiza un examen físico y prescribe medicamentos para los síntomas de Marilyn: sus náuseas continuas, sus perturbadoras lesiones cutáneas y su fatiga
extrema.

Marilyn responde con paciencia a todas sus preguntas, pero pronto pasa al tema que ocupa el primer lugar en su mente: el suicidio asistido. La doctora S. responde de manera amable y cariñosa, pero
dejando claro que no está a favor de tomar esa decisión. Subraya que su trabajo es asegurarse de que
sus pacientes no sufran y permitir que mueran de

la enfermedad que padecen, pero con tranquilidad y sin dolor.

Además, S. nos informa de que el suicidio asistido es un proceso complejo, que requiere un papeleo administrativo considerable. Nos comunica que el método por el que se va a producir la muerte, la ingestión de píldoras, tiene que ser autoadministrado: el médico no puede ayudar al paciente a tragarlas. Cuando comento que Marilyn tiene problemas considerables para tragar pastillas, S. menciona que sería posible molerlas hasta convertirlas en polvo y mezclarlas en una bebida. Reconoce que tiene muy poca experiencia, ya que, hasta el momento, ha participado en una sola muerte asistida. Sin embargo, Marilyn insiste y le pregunta a la doctora si estaría de acuerdo en firmar la orden. S. suspira hondo, duda y por fin acepta hacerlo, pero repite que espera que no sea necesario. Después plantea la cuestión de derivar a Marilyn a un centro para enfermos terminales. Nos explica que el personal del hospital visitaría nuestra casa con regularidad para asegurarse de que Marilyn no experimente dolor y que esté lo más cómoda posible. Se pondrá en contacto con dos centros cercanos, cada uno de los cuales enviará a un miembro de su equipo para informarnos sobre lo que pueden ofrecernos, y así podremos decidir cuál de los dos centros preferimos.

Los dos representantes que nos visitan en casa están bien informados y son amables. ¿Cómo elegir entre uno de los dos? Marilyn se entera de que el esposo de una amiga íntima ha recibido hace poco un excelente cuidado en Mission Hospice, así que elegimos ese. Muy poco después, vienen a vernos una enfermera y un trabajador social del centro y, dos días más tarde, el doctor P., el médico responsable. Pasa una hora y media con nosotros. Ese médico nos admira y nos tranquiliza a los dos al mismo tiempo. Me parece uno de los médicos más comprensivos y empáticos que he conocido y, aunque no lo expreso en voz alta, espero que también esté disponible para ocuparse de mí cuando llegue el momento de mi propia muerte.

Unos quince minutos después de nuestra conversación con P., Marilyn no puede contenerse y vuelve a plantear la cuestión del suicidio asistido. Es asombroso: la respuesta de P. es distinta a todas las que hemos oído con anterioridad. Se muestra conforme con la idea, aunque prefiere el término «muerte médicamente asistida». Le asegura a Marilyn que él personalmente la ayudará a morir cuando llegue el momento y que, si ella lo decide así, él estará a su lado y podrá prepararle una emulsión con las píldoras para que pueda beberlas con un sorbete y tragarlas con facilidad. Nos dice que ha participado en más de un centenar de muertes de este tipo y que está totalmente de acuerdo con esta elección cuando el paciente sufre mucho dolor y no tiene esperanzas de recuperación.

Esas palabras tienen un efecto poderoso y calmante para Marilyn, para los dos en realidad, pero al mismo tiempo, hacen que su muerte sea más real. «Marilyn va a morir pronto. Marilyn va a morir pronto. Marilyn va a morir pronto.» Este pensamiento es demasiado para mí, y trato de sacármelo de la cabeza. Sigo negándome a aceptar la realidad. Aparto mis ojos. No puedo enfrentarme al tema, no voy a hacerlo.

Unos días más tarde, dos de nuestros hijos se quedan a dormir: la mayor, nuestra hija Eve, y el menor, Ben. Me levanto temprano, me dirijo a mi consultorio y paso dos horas repasando las pruebas del editor de un capítulo de la nueva edición de mi libro de texto sobre terapias de grupo. Alrededor de las diez y media, vuelvo a casa. Marilyn está sentada a la mesa, terminándose el desayuno, tomando un té y leyendo el periódico de la mañana.

—¿Dónde están los chicos? —pregunto. ¡Chicos, vaya! Mi hija tiene sesenta y cuatro años y mi hijo cincuenta (mis otros dos hijos tienen sesenta y dos y cincuenta y nueve).

—Ah —responde Marilyn en un tono sosegado y práctico—, se han ido a la funeraria para hacer los preparativos del funeral. Después van a ir a ver el cementerio para revisar nuestras parcelas. Estaremos junto a mi madre.

Para mi propia sorpresa, rompo a llorar, y mis lágrimas fluyen durante varios minutos. Marilyn me abraza mientras trato de recuperar el control de mí mismo. Entre sollozos, acierto a decir:

—¿Cómo puedes soltarlo tan a la ligera? No puedo soportar la idea de tu muerte. No puedo soportar la idea de vivir en un mundo sin ti.

Marilyn me atrae hacia ella y señala:

—Irv, no olvides que he estado viviendo entre

dolores y sufrimiento durante diez meses. Te he dicho una y otra vez que no puedo soportar la idea de seguir viviendo así. Le doy la bienvenida a la muerte, le doy la bienvenida a estar libre de dolor y náuseas y de este «quimiocerebro» y esta fatiga continua y esta sensación horrible que tengo siempre. Por favor, entiéndeme: confía en mí, estoy segura de que, si hubieras vivido todos estos meses en estas condiciones, sentirías lo mismo que yo. Estoy viva ahora solo por ti. Me rompe el corazón la idea de abandonarte. Pero, Irv, es la hora. Por favor, tienes que dejarme marchar.

No es la primera vez que oigo estas palabras, pero quizá sea la primera vez que dejo que entren de verdad en mi cabeza. Quizá comprendo por primera vez que, si hubiera tenido que pasar por lo que Marilyn ha experimentado durante los últimos diez meses, me sentiría igual que ella. Si hubiera vivido con tanto sufrimiento, estaría dándole la bienvenida a la muerte, igual que ella.

Durante un momento, solo durante un momento, algunas de mis antiguas palabras de médico me vienen a la mente y se esfuerzan por contradecir a Marilyn: no tienes por qué sentir dolor. Tenemos morfina para el dolor, tenemos esteroides para la fatiga, tenemos..., tenemos... Pero no puedo expresar palabras tan poco auténticas.

Nos abrazamos, ambos lloramos. Por primera vez, Marilyn me habla de mi vida después de su muerte.

—Irv, no estará tan mal. Los chicos siempre vendrán a verte. Tus amigos estarán aquí todo el tiempo. Si te sientes demasiado solo en esta casa tan grande, siempre puedes pedirle a Gloria y a su esposo que se muden gratis a mi estudio y que estén disponibles si los necesitas.

La interrumpo: me había prometido a mí mismo que nunca le impondría a Marilyn la carga de preocuparse por mi vida sin ella. La abrazo y le digo por enésima vez lo mucho que la amo y la admiro, y que le debo cada partícula de mi éxito en la vida.

Como siempre, Marilyn me dice que no y me habla de mi talento, de la creación de tantos y tan variados mundos en mi escritura.

—Lo tenías todo en ti. En tu propia creatividad. Yo solo te ayudé a destapar la botella.

—Mi éxito se debió a mi cerebro, a mi imaginación, sí, lo sé, querida. Pero también sé que me abriste la ventana al mundo de la creación. Si no hubiera sido por ti, habría hecho exactamente lo que hicieron todos mis amigos de la Escuela de Medicina: irme a trabajar a Washington D. C. para tener una buena vida, seguro, pero ni uno solo de mis libros habría visto la luz del día. Tú me iniciaste en las formas superiores de la literatura; recuerda que yo venía de hacer, en solo tres años, la carrera de ingreso a la facultad de Medicina. Tú eras mi único vínculo con los clásicos, con las grandes obras de la literatura, con la filosofía: ampliabas mi estrecha visión del mundo. Fuiste tú quien me introdujo a los grandes escritores y pensadores.

Esa noche, nuestros amigos íntimos Denny y Josie nos visitan y nos traen una comida casera. Denny es colega mío, uno de los mejores psicoterapeutas que he conocido, y también un pianista de jazz de renombre nacional. Cuando Denny y yo damos un paseo solos, le expongo la situación a la que me estoy enfrentando. Él sabe de la importancia abrumadora que tiene Marilyn en mi vida (al igual que la tiene su esposa en su vida). Sé que estará de acuerdo con la decisión de Marilyn de pedir el suicidio asistido: Denny ha manifestado en varias ocasiones su apoyo al derecho de cualquier persona a terminar con su vida si el sufrimiento es insoportable y no hay esperanzas de recuperación.

Le digo que es un momento horrible de mi vida. Que Marilyn ha dejado de recibir tratamiento por el mieloma múltiple, pero que algún día, pronto e inevitablemente, este reaparecerá. Que día a día aguardo con miedo a que llegue el instante. Que nunca olvidaré el día en que empezó todo, cuando Marilyn me despertó gritando por el dolor de espalda que le provocaba una fractura de vértebra que le había causado el mieloma.

Denny está inusualmente callado: en general, es muy receptivo y elocuente, es uno de los hombres más expresivos e inteligentes que conozco. Su silencio me asusta, tengo miedo de haberlo abrumado con mis problemas.

A la mañana siguiente, cuando desayunamos, Marilyn menciona, de pasada, que ha sentido un poco de dolor de espalda. Jadeo en silencio: pienso por supuesto en su vértebra fracturada y en ese espantoso dolor, su primer síntoma de mieloma múltiple. Noto cómo surge el terror: he estado temiendo la reaparición del mieloma múltiple. ¿Mis peores miedos se están haciendo realidad? Hace muchísimos años que no hago exámenes físicos, pero podría ponerle las manos en la espalda, y aplicar un poco de presión en cada una de sus vértebras para identificar la ubicación del dolor. Pero no me atrevo a hacerlo. Ningún marido felizmente casado debería tener que pasar por eso. Además, mi hija, que también es médica, llegará en breve y podría pedirle que le examinara la espalda. Qué horrible pensar que podría no haber alivio para su dolor, aparte de la morfina... y la muerte.

Empiezo a reprenderme a mí mismo. Después de todo, he trabajado con tantas personas que estaban pasando por el proceso del duelo, y la gran mayoría de ellas había sufrido la misma pérdida a la que me estoy enfrentando ahora. Sí, sin duda alguna: siento que mi sufrimiento es peor que el suyo porque no paro de repetirme a mí mismo lo especial que es mi pérdida, por todo el tiempo que he amado a mi esposa, y lo mucho también que la he amado. La mayoría de los cónyuges que estaban pasando por el proceso del duelo con los que he trabajado, con el tiempo, mejoraron mucho. Sé que es lento, que llevará entre uno y dos años, pero sucederá. Y, sin embargo, saboteo mis esfuerzos por consolarme al concentrarme de inmediato en mis muchos déficits y problemas: mi edad, mis problemas de memoria, mis problemas físicos, en especial mis problemas de equilibrio que hacen que me sea difícil caminar sin bastón o andador. Pero tengo una respuesta rápida para este yo oscuro: Irv, me digo, por Dios, fíjate en tus ventajas: tu conocimiento de la mente, cuánto sabes sobre cómo superar los momentos dolorosos. Y tienes muchos apoyos: cuatro hijos y ocho nietos amorosos y devotos, que nunca te negarían nada. Piensa en la gran cantidad de amigos que te rodean. Tienes los medios económicos y la posibilidad de permanecer en esta hermosa casa o de ingresar en cualquiera de las mejores residencias. Pero, Irv, lo más importante que tienes es que tú tampoco te arrepientes de nada. Como Marilyn, has vivido una vida larga y gratificante, has tenido mucho más éxito del que jamás habrías imaginado, has ayudado a tantos pacientes, has vendido millones de ejemplares de tus libros en treinta idiomas y recibes montones de cartas de fans todos los días.

Entonces, me digo a mí mismo, es hora de dejar de lloriquear. ¿Por qué exageras tu desesperación, Irv? ¿Es una demanda de ayuda? ¿Sigues tratando de demostrarle a Marilyn cuánto la amas? Por Dios, si ella ya lo sabe. Y esa tristeza tuya solo la hace sentirse peor. Sí, sí, respondo. Sé que no quiere que me hunda en una desesperación terminal; quiere que sea feliz y prospere; no quiere que muera con ella. No tengo que seguir exhibiendo mi dolor. Es hora de espabilar.

La casa se convierte en el escenario de un desfile, una procesión interminable de amigos y conocidos que desean ver a Marilyn, y asumo la responsabilidad de protegerla para que no se agote en medio de esa gran cantidad de visitantes cariñosos. Actúo como cronometrador y, con la mayor cortesía posible, limito las visitas a treinta minutos de duración. Mi hija ha creado una página web que permitirá a los amigos de Marilyn recibir noticias sobre su enfermedad.

Marilyn sigue incombustible. Si vienen amigos a comer, me admiro de cómo anima la conversación, cómo les hace preguntas a todos y contribuye a que todos se diviertan. Es cierto que yo también soy hábil en las situaciones sociales, en especial cuando se trata de hablar y trabajar con mis estudiantes y pacientes, pero su capacidad es incomparable. Habitualmente alguno de nuestros cuatro hijos viene de visita y se queda a dormir. Siempre disfruto con su presencia: siempre hay charlas animadas, a menudo partidas de ajedrez o, a veces, de pinacle.

Pero por mucho que ame a nuestros hijos, atesoro más que nada mis noches a solas con Marilyn. Durante varios meses, me he hecho cargo totalmente de las comidas: el estómago de Marilyn está muy sensible y come la misma sencilla comida todos los días: caldo de pollo con arroz y zanahorias. Yo me preparo algo sencillo o también, en ocasiones, encargo algo a un restaurante. Después de las noticias, Marilyn reza todos los días para que Trump sea destituido mientras ella esté aún viva para presenciarlo, y por fin buscamos una película. Esta no es una tarea fácil, porque la memoria de Marilyn es demasiado buena y, casi siempre, prefiere ver una película nueva. Solemos ver la mitad de la película una noche y la otra mitad al día siguiente.

Esta noche, después de la cena, disfrutamos con un clásico: *Arsénico por compasión*, con Cary Grant y Raymond Massey. Nos cogemos de la mano. No puedo dejar de tocarla. Disfruto de la película y, de repente, miro a Marilyn con asombro y pienso en el poco tiempo que nos queda. Sé..., sabemos... que va a morir bastante pronto, y que es probable que ocurra dentro de las próximas cuatro semanas. Parece irreal. Solo estamos esperando a que el mieloma múltiple cause estragos en su sonrisa y su hermoso cuerpo. Temo por ella y me sorprende su entereza y su coraje. Ni una sola vez la he oído decir que esté asustada o consternada por la mala suerte de haber tenido que padecer esta enfermedad.

Soy consciente, también, de mi propio deterioro. Con demasiada frecuencia me confundo con los horarios y, a menudo, me encuentro mirando la página incorrecta de mi agenda. Hoy pensaba que una paciente iba a venir a las tres y ha venido a las cuatro. Pensaba que íbamos a reunirnos por Zoom y se ha presentado en persona. Creo que estoy empezando a perder la cabeza. A sentirme inútil. Con una excepción: cuando comienza de veras una consulta con un paciente, entonces me siento como antes y, casi sin excepción, creo que le doy a cada paciente que veo, incluso en una sola sesión, algo valioso.

Me parece que mi equilibrio, mi capacidad para caminar y mi memoria se están deteriorando rápidamente. Y ahora, por primera vez, empiezo a preguntarme si de verdad podré vivir solo en esta casa después de la muerte de Marilyn. Qué lástima que no podamos morir juntos. Dónde y cómo viviré, según he sabido hace poco, ha sido un tema de frecuentes conversaciones entre mis hijos. El otro día, mi hija Eve dijo que estaba pensando en ponerme una cocina eléctrica, porque le da miedo que me deje el gas encendido y le prenda fuego la casa. Me molestó que me tratara como a un niño y que decidiera sobre el tipo de cocina que debo tener, pero hay una parte de mí que está de acuerdo con ella. Cuando ella y todos mis otros hijos opinan que no puedo quedarme aquí solo en la casa, me enfado y me quejo, pero no demasiado porque me temo que tienen razón. No es cuestión de soledad, sino de seguridad.

No he reflexionado realmente sobre mi futuro ni me he planteado en serio contratar a alguien para que viva conmigo. Creo que me abstengo de pasar mucho tiempo pensando en el tema porque lo considero una traición a Marilyn. Lo he hablado los últimos días con amigos, y todos apoyan mi decisión de permanecer en la casa que tanto amo. He vivido y trabajado en la misma zona durante muchas décadas, aquí estoy rodeado de familiares y amigos y, por el momento, estoy decidido a quedarme en mi casa. Me imagino que, entre mis amigos y mis hijos, tendría compañía tres tardes a la semana y estaría perfectamente cómodo si es que estoy solo el resto del tiempo.

En el fondo, no soy una persona muy sociable; mi esposa siempre ha desempeñado ese papel en la familia. Recuerdo mi primer encuentro con Marilyn: yo era un adolescente y apostaba en el *bowling* (tenía cierta debilidad por el juego que aún me dura un poco). Alguien, que no era un amigo cercano, sino un tipo de bastante mala reputación, sugirió que fuéramos a una fiesta en la casa de Marilyn Koenick. Había tanta gente que la única forma de entrar era por la ventana. En medio de una casa abarrotada, ahí estaba Marilyn, como una reina en su corte. La miré y me abrí paso entre la multitud para poder presentarme. Esto era raro en mí: nunca, ni antes ni después, había sido tan audaz en público. ¡Pero fue amor a primera vista! La llamé a la noche siguiente. Era la primera vez que llamaba por teléfono a una chica.

Cuando pienso en la vida sin Marilyn, surgen de inmediato el dolor y la ansiedad. Mi mente funciona entonces de manera primitiva: es como si pensar en un futuro sin Marilyn fuera una traición, algo capaz de acelerar su muerte. «Traidor» parece ser el término correcto: cuando hago planes para después de la muerte de Marilyn, realmente me siento como un traidor. Mi vida debería agotarse con ella, en nuestro pasado, en cómo pasamos nuestro tiempo juntos, en nuestro futuro demasiado breve.

¡Me viene una inspiración repentina! Me pregunto cómo sería todo si las cosas se invirtieran. Supongamos que fuera yo quien se estuviera muriendo y Marilyn quien me cuidara con amor, como siempre lo ha hecho. Supongamos que supiera que solo me quedan unas pocas semanas de vida. ¿Me preocuparía saber cómo le iría a Marilyn sin mí?

¡Por supuesto! Estaría muy preocupado por ella y no le desearía nada más que la mejor vida futura posible. Este es un pensamiento terapéutico instantáneo. Ya me siento mucho mejor.

Capítulo 17

CUIDADOS PALIATIVOS

Noviembre

Cuidados paliativos. Estas son dos palabras que siempre he asociado a los últimos estertores de un paciente moribundo. Y, sin embargo, aquí estoy concertando citas con el equipo de cuidados paliativos que viene a atenderme en casa. Todavía puedo caminar y bañarme sola. Todavía leo y escribo. Todavía puedo tener conversaciones lúcidas con quienes vienen a visitarme. A pesar de la fatiga constante, sigo en funcionamiento.

La visita del doctor P., el médico de Mission Hospice, es muy reconfortante. Es muy hablador, sabio y empático, y tiene una larga experiencia en el cuidado de pacientes que se encuentran al final de la vida, para asegurarse de que su dolor se alivie tanto como sea posible gracias a diversos medicamentos y otras formas de tratamiento, incluida la meditación y los masajes. Si no llego a tener un dolor insoportable, creo que podré seguir adelante hasta el final con un mínimo de dignidad. Además, tengo mucha confianza en él: ha asistido en persona a la muerte de un centenar de pacientes y me ha asegurado que se ocuparía de todo. Me siento muy cómoda y segura en sus manos.

También nos reunimos con la enfermera y el trabajador social que seguirán mi caso. De ahora en adelante, la enfermera vendrá una vez a la semana a revisarme y ver cómo avanza mi enfermedad. Ella también es tan experta como empática, y me tranquiliza pensar en sus visitas semanales. Incluso recibo una llamada telefónica de un miembro voluntario del equipo de cuidados paliativos que se ofrece a venir a casa a darme un masaje. Como me encantan los masajes, inmediatamente digo que sí y programo una cita. Tengo curiosidad por conocer a alguien que se ofrece como voluntario gratuito para brindar cuidados paliativos. Es casi una vergüenza que se le preste tanta atención a este cuerpo moribundo de ochenta y siete años, cuando tantas otras personas no reciben ningún cuidado.

La gente, incluido Irv, sigue admirando mi capacidad para mantener la calma. Sí, en general me siento tranquila. Solo de vez en cuando, en sueños, se abre paso la angustia. Pero, en general, he llegado a aceptar el hecho de que pronto estaré muerta. La tristeza, la gran tristeza de despedirme de familiares y amigos, no parece alterar mi capacidad para realizar los simples actos de vivir el día a día con razonable buen humor. Y no es solo fachada: después de nueve meses de tratamientos tóxicos y de sentirme fatal la mayor parte del tiempo, estoy disfrutando de este respiro, por breve que sea.

Uno de los profesores de Humanidades de Stanford más respetados, Robert Harrison, definió la muerte como la «culminación» de la vida. Puede ser que se refiriera a la «culminación» en el sentido católico de hacer las paces con Dios y recibir los últimos ritos. ¿La idea de culminación puede tener significado para alguien como yo, que no es creyente? Si puedo evitar la miseria del dolor físico, si puedo disfrutar de los placeres sencillos de vivir día a día, si puedo despedirme de mis amigos más queridos, ya sea en persona o por escrito, si puedo mostrar mi mejor cara, expresarles mi amor y aceptar mi destino con gracia, entonces, quizá sí, el momento de morir será una especie de culminación.

Pienso en las formas en que se ha visto a la muerte a lo largo de la historia, o al menos en la parte de la historia que conozco. Recuerdo una vívida imagen del *Libro de los muertos del Antiguo Egipto*, que cito en mi libro *The Amorous Heart*. Los antiguos egipcios, hace más de tres mil años, juzgaban el paso de la vida a la muerte de una forma muy teatral. El corazón, que era considerado la morada del alma, se pesaba en una balanza. Si era lo bastante puro y pesaba menos que la pluma de la verdad, el difunto entraba en la otra vida. Pero si estaba cargado de malas acciones, se hundía más en la balanza que la pluma, y eso hacía que al hombre o a la mujer muertos los devorara una bestia grotesca.

Bueno, incluso si no creo literalmente en ese tipo de juicio, sí creo que los moribundos, cuando tienen tiempo para reflexionar, tienden a evaluar la vida que han vivido. Sin duda, ese es mi caso. Y sin ser complaciente conmigo misma, creo que no he causado ningún daño a nadie y puedo llegar a mi final con pocos arrepentimientos y poca culpa. Las personas que escriben los numerosos correos electrónicos, tarjetas y cartas que he recibido siguen diciéndome que fui de ayuda para muchas de ellas. Esa es, sin duda, una de las razones por las que me siento tranquila la mayor parte del tiempo y puedo prever la posibilidad de una «buena muerte».

La preocupación por morir bien se remonta a autores griegos y romanos como Séneca, Epicteto y Marco Aurelio. Cada uno intentó dar sentido a un universo en el que cualquier existencia individual era vista como una minúscula grieta de luz entre dos eternidades de oscuridad, una antes de la vida y otra después. En el momento de aconsejar sobre las mejores formas de vivir, tanto social como racionalmente, estos filósofos querían que no temiéramos a la muerte, sino que aceptáremos su inevitabilidad en el orden de todas las cosas.

Aunque la visión cristiana de la vida después de la muerte ha suplantado el pensamiento de estos escritores «paganos», la idea de morir bien se ha mantenido a lo largo de los siglos y sigue influyendo en los títulos de varios libros recientes, como *El arte de morir bien*, de Katy Butler (2019). *Cómo nos llega la muerte: reflexiones sobre la etapa final de la vida* (1995), de Sherwin Nuland, presenta un relato franco y compasivo de cómo la vida se aleja del cuerpo.

Por supuesto, como me recuerda el doctor P., morir es siempre un asunto individual; no hay una muerte adecuada para todos, ni siquiera para todas las personas con la misma enfermedad. Es posible que me debilite de forma progresiva o que uno de mis órganos deje de funcionar súbitamente o que, si necesito una sedación fuerte, muera sin dolor mientras duermo. Dado que tengo la opción del suicidio asistido por un médico, mientras todavía esté lúcida y pueda expresar mis deseos, puedo fijar una fecha para mi muerte. Además de un médico y una enfermera de cuidados paliativos, pediré que mi esposo y mis hijos estén conmigo en ese instante.

Por ahora me guía el personal de cuidados paliativos, que está muy atento a las necesidades de los pacientes terminales. Parecen anticiparse a mis preguntas incluso antes de que las haga y, basándose en el trabajo que ya han hecho con otros que han muerto antes que yo, me ayudan a formular las respuestas. Puedo llamar a Mission Hospice en cualquier momento del día o de la noche para recibir instrucciones sobre cómo tomar el medicamento que ya tengo en el refrigerador. Enviarán a alguien a casa en caso de emergencia. Ya hemos completado el papeleo que rechaza expresamente la adopción de medidas terapéuticas extraordinarias con el fin de mantenerme con vida. Al final, sea como sea, yo debería tener cierto control.

Así y todo, e incluso si no le tengo miedo a la muerte en sí, siento la tristeza continua de separarme de mis seres queridos. A pesar de todos los tratados filosóficos y de todas las certezas que nos ofrece la profesión médica, no hay cura para el simple hecho de que habremos de dejarnos los unos a los otros.

Capítulo 18

UN BÁLSAMO DE ILUSIÓN

Noviembre

Han pasado seis semanas desde que la doctora M. estimó que Marilyn tenía solo uno o dos meses de vida por delante. A pesar del paso del tiempo, se la ve bastante bien y muy viva. Nuestro hijo Ben le envió un correo electrónico a toda la familia:

> Hola a todos.
> A pesar de sus protestas, ¡parece que nuestra querida madre estará presente en Acción de Gracias! Y ha pedido que todos nos reunamos en Palo Alto para celebrarlo.

En este momento, Marilyn está escuchando la grabación de una conferencia sobre Marco Aurelio. Ha tenido una semana excelente: muy pocas náuseas, un poco de apetito y un poco más de energía. Sigue pasando gran parte del día tumbada en el sofá de la sala, dormitando o admirando el gigantesco roble que tenemos fuera. Esta semana ha hecho dos veces el trayecto de treinta metros hasta el buzón.

La enfermedad de Marilyn me hace ser más consciente de mi propia mortalidad. Hago algunas compras en Amazon (pilas doble A, tapones para los oídos, Splenda) y selecciono las mismas grandes cantidades de siempre. Justo antes de hacer clic en el botón «Comprar», me reprendo: «Irv, ¿para qué otro envío de treinta pilas doble A, o mil paquetes de Splenda? Eres demasiado mayor: ni sueñes con vivir tanto tiempo». Entonces vuelvo a hacer el pedido, más pequeño y económico.

Mi mayor placer es tomar su mano. Nunca me canso de ella. Ha sido así desde la secundaria. La gente nos hacía bromas por estar siempre cogidos de la mano a la hora del almuerzo en la cafetería de la escuela secundaria Roosevelt; todavía lo hacemos setenta años después. Lucho por contener las lágrimas mientras escribo estas palabras.

Oigo a Marilyn y a nuestra hija Eve riendo y charlando en uno de los dormitorios libres. Tengo curiosidad por saber lo que están haciendo y voy con ellas. Están repasando las joyas de Marilyn, sus anillos, collares y broches, pieza por pieza, decidiendo quién, entre nuestros hijos y nietos, parientes políticos y amigos cercanos, debe heredar cada pieza. Parece que disfrutan de la charla.

Pasan los minutos y, aunque solo son las diez de la mañana, me siento cansado y me recuesto en una de las camas mientras sigo mirándolas. Al cabo de un rato, comienzo a temblar. Aunque la calefacción está puesta a veintiún grados, me cubro con la manta. Toda la escena me resulta un poco macabra: no podría imaginarme a mí mismo eligiendo tan alegremente a quién regalar todos esos objetos que tanto han representado en mi vida. Marilyn tiene una historia que contar sobre cada joya: dónde la ha conseguido, quién se la ha dado... Empiezo a sentir que todo se está desvaneciendo. La muerte está devorando toda la vida, toda la memoria.

Al fin, me siento tan abrumado por el dolor que tengo que salir de la habitación. En cuestión de minutos, vuelvo al ordenador y me pongo a escribir estas palabras, como si hacerlo pudiera detener el transcurso del tiempo. ¿Y no cumple todo este proyecto de libro el mismo propósito? Estoy tratando de congelar el tiempo, describiendo la escena actual y, con un poco de suerte, trasladándola al futuro. Es una ilusión, sí. Pero es una ilusión que me consuela.

Capítulo 19

LIBROS EN FRANCÉS

Noviembre

Estoy en mi estudio mirando estantes vacíos. Estos estantes solían contener mis libros en francés. Había por lo menos seiscientos, apilados del techo al suelo, en dos filas. Irv y yo hemos sido gente de libros desde que tengo uso de razón. Nos unió el amor a los libros cuando éramos adolescentes y, desde entonces, hemos estado inmersos en ellos. Nuestra casa está llena de ejemplares, y parece que soy la única que sabe dónde se pueden encontrar la mayor parte de ellos, pero a veces yo también me equivoco.

Ayer, Marie-Pierre Ulloa, mi amiga más joven del departamento de Francés de Stanford, vino con su esposo, metió en una caja mis libros en francés y se los llevó. Encontrarán nuevo hogar en su biblioteca y estarán disponibles para académicos y estudiantes. Me reconforta saber que no se los llevará el viento.

Y, sin embargo, me siento muy triste. Estos libros representan una parte importante de mi historia, setenta años de inmersión en la literatura y la cultura francesas. El más antiguo es una copia de *Cyrano de Bergerac* que me regaló mi profesora de francés, Mary Girard, cuando terminé la secundaria en 1950. Me lo dedicó especialmente:

> *À Marilyn, avec des souvenirs affectueux du passé et de très bons voeux pour l'avenir.* (A Marilyn, con recuerdos afectuosos del pasado y mis mejores deseos para el futuro.)

Fue *madame* Girard quien me sugirió que fuera a Wellesley College, entonces famoso por su excelente departamento de Francés, y que también me planteara hacer una carrera como profesora de Francés. No sospechábamos, ni ella ni yo, que obtendría un doctorado en Literatura Comparada y que sería profesora universitaria de Francés y Literatura Comparada durante buena parte de mi vida.

Mis libros estaban organizados siguiendo un orden histórico, comenzando con la Edad Media en un extremo del primer estante y terminando en el extremo opuesto del último estante con un grupo de escritoras del siglo xx, como Colette, Simone de Beauvoir, Violette Leduc y Marie Cardinal. Ese cambio, donde los escritores masculinos son los que predominan en las obras de los siglos pasados mientras que son las escritoras las que lo hacen en las obras más recientes, probablemente sea un reflejo de mis propios gustos, pero también lo es de la creciente importancia de las mujeres en la literatura actual.

Recuerdo la polémica sobre la nueva traducción de *El segundo sexo*, de Beauvoir, hecha por mis buenas amigas Constance Borde y Sheila Malovany-Chevallier. Algunos críticos consideraron que la traducción era «demasiado literal», y me sentí obligada a defenderlas en una carta abierta que publicó el *New York Times*. El ejemplar de la traducción con la dedicatoria de ellas dos es otro libro del que no podría separarme.

Pero casi todos los otros libros se han ido, dejando estantes vacíos y un gran vacío en mi corazón. Sin embargo, la idea de que Marie-Pierre compartirá estos libros con otras personas me da esperanzas de que estos repercutirán en las vidas de más gente. Marie-Pierre me sugirió que etiquetase los libros e indicase que provienen de la biblioteca de Marilyn Yalom, así que le he pedido a Irv que me consiga las etiquetas.

¿Qué pasará con mis otros libros, incluidos los volúmenes de estudios sobre la mujer, escritura autobiográfica, alemán y ajedrez? Llamaré a algunos de mis colegas y les pediré que cojan los que quieran. Pero tendré que acostumbrarme a dejar este tipo de problemas en manos de Irv y los chicos. Cada vez más, tengo que asimilar que, cuando muera, no tendré conciencia del asunto ni voz en él.

Algo bastante inesperado ha surgido de mi vínculo con Francia, los libros y los amigos franceses. El año pasado, cuando estuve en París, pasé bastante tiempo con mis buenos amigos Philippe Martial y

Alain Briottet. Ambos habían pasado la Segunda Guerra Mundial en la campiña francesa: Philippe en Normandía, bajo la ocupación alemana; Alain en lo que entonces se llamaba «zona libre», en el sur. Alain había publicado hacía poco unas memorias sobre el cautiverio de su padre, que fue oficial durante el conflicto, en un campo de prisioneros de guerra, tras el armisticio de 1940.

Les propuse que editáramos un libro titulado *Innocent Witnesses* con las memorias de los niños de la Segunda Guerra Mundial, que incluyera nuestras propias historias, así como las de otros amigos, que seleccionaríamos y reuniríamos los tres. Las historias de la infancia rara vez se centran en exclusiva en los terrores de la guerra. Los niños recuerdan lo que comieron, o lo que no comieron, y, sobre todo, los tormentos del hambre. Recuerdan la amabilidad de los extraños que los llevaron a sus hogares y los ocasionales juguetes que les regalaron en su cumpleaños o en Navidad. Recuerdan haber jugado con otros niños, que quizá pronto desaparecieron de sus vidas debido a los desplazamientos forzosos o la muerte. Recuerdan el sonido de las sirenas y las explosiones y las llamaradas que iluminaban el cielo nocturno. Los ojos de los niños captan el funcionamiento diario de la guerra y, cuando estos vuelven a abrirse a través de la memoria, nos ayudan a los demás a presenciar la brutal realidad de la guerra.

Innocent Witnesses recopila historias de la infancia de seis personas a las que he llegado a conocer como colegas y amigos, son relatos en primera persona y conversaciones que duraron décadas. No los conocía cuando todos éramos niños, durante la guerra. Los conocí cuando éramos adultos y, por eso, me maravilla su capacidad para trascender el pasado y convertirse en personas consideradas y cabales. A partir de sus recuerdos, es posible reflexionar sobre las circunstancias que los ayudaron a sobrevivir. ¿Qué figuras adultas les ofrecieron seguridad y esperanza y los guiaron para poder atravesar por los peores momentos? ¿Qué cualidades personales los ayudaron a convertirse en adultos normales? ¿Cómo lidiaron con los recuerdos traumáticos de la guerra? Ahora que varios de ellos han fallecido, y los demás nos habremos ido en un futuro próximo, siento como una obligación especial transmitir estas historias.

En cuanto volví a California me puse a trabajar en el manuscrito. Para mi sorpresa, avancé bastante con él, y seguí trabajando en el libro incluso cuando ya tenía el diagnóstico de mieloma múltiple y estaba bajo tratamiento. Fue al abandonar el tratamiento cuando decidí enviarle el manuscrito a mi agente, Sandy Dijkstra, para ver si pensaba que era publicable.

¡Entonces las cosas fueron muy rápido! Sandy envió el material a Stanford University Press y al cabo de una semana hicieron una oferta excelente, no solo para publicar *Innocent Witnesses*, sino también para publicar este libro que estamos escribiendo Irv y yo. Esto es como un regalo de los dioses. Ahora todo lo que tengo que hacer es seguir con vida para poder trabajar en los dos libros con mi editora, Kate Wahl. Ella ya ha leído el manuscrito y me ha hecho muchas sugerencias. Espero estar a la altura del trabajo. Faltan solo dos semanas para el Día de Acción de Gracias y todos los chicos están de camino, así que tengo que conservar toda la energía que pueda para ellos y para mis dos proyectos de libros.

Capítulo 20

SE ACERCA EL FINAL

Noviembre

Paso gran parte de la mañana en mi consultorio, a tres minutos a pie de la casa, y me sorprendo al entrar en la oficina de Marilyn. La mitad de las estanterías están vacías. No me había dicho que iba a hacer esto. Poner sus libros a disposición de los estudiantes es sensato, es verdad, pero sé que jamás en la vida habría podido hacer con mis libros lo que ella ha hecho con los suyos. No me interesa ver previamente cómo mis pertenencias más apreciadas desaparecerán cuando muera.

Esta es una de las principales razones por las que voy a resistirme a mudarme a una vivienda más pequeña adaptada para personas mayores: regalar mis libros es demasiado doloroso para mí. Voy a dejar esta tarea en manos de mis hijos: puedo confiar en que tomen decisiones racionales e inteligentes. De vuelta a mi consultorio, giro la silla de mi escritorio y miro bien la pared con los estantes de los libros. Hay siete secciones, cada una con siete estantes que contienen aproximadamente treinta volúmenes, alrededor de mil quinientos libros en total. Aunque la disposición parece desordenada, a mí me resulta inteligible. El primer tercio está ordenado alfabéticamente por autor. Pero el resto de los libros están ordenados por su relación con alguno de los ejemplares que he escrito: varios estantes de libros de y sobre Nietzsche, luego estantes sobre Schopenhauer y otros sobre Spinoza, sobre psicoterapia existencial, sobre terapia de grupo. Mientras los examino, vuelven a mí mi estado mental y mi recuerdo de dónde estábamos mientras escribía cada una de esas obras. Escribir mis relatos y novelas fue el punto culminante de mi vida, y me acuerdo perfectamente del sitio en el que se me ocurrieron muchas de esas ideas. Escribí varios capítulos de *El día que Nietzsche lloró* en las Seychelles, y *Verdugo del amor*, en Bali, Hawái y París. Mi libro de texto sobre terapia de grupo lo redacté en Londres, y escribí algunas partes de *La cura Schopenhauer* en Austria y Alemania.

La dignidad de Marilyn frente a los estantes vacíos de su biblioteca es muy típica de ella. No hay duda de que ella experimenta mucha menos ansiedad ante la muerte (y menos ansiedad en general también) que yo, y tengo pocas dudas de que eso se explica por las infancias diferentes que tuvimos. Déjenme contarles nuestras vidas brevemente para arrojar algo de luz sobre la génesis de la ansiedad.

El padre de Marilyn, Samuel Koenick, y mi padre, Benjamin Yalom, emigraron después de la Segunda Guerra Mundial, los dos provenían de un pequeño *shtetl* en Rusia, y cada uno abrió una pequeña tienda de comestibles en Washington D. C. El padre de Marilyn había llegado a Estados Unidos al final de la adolescencia. Cursó uno o dos años de escuela en Estados Unidos y después viajó como un espíritu libre por todo el país antes de conocer a la madre de Marilyn, Celia, y casarse con ella; Celia, por su parte, había inmigrado a Estados Unidos desde Polonia. Mi padre, por otro lado, llegó al país a los veintiún años y no tenía ningún tipo de formación.

Nuestros dos padres trabajaban mucho: rara vez salían de sus tiendas. El horario de mi padre era más largo, ya que vendía bebidas alcohólicas, además de alimentos. La tienda estaba abierta hasta las diez de la noche, entre semana, y hasta la medianoche, los viernes y los sábados.

Más aclimatado a la cultura estadounidense, el padre de Marilyn eligió una casa para su esposa y sus tres hijas en una zona elegante y segura de Washington, aproximadamente a veinte minutos en coche de la tienda, mientras que mi padre decidió que su familia (mi madre, mi hermana, que me llevaba siete años, y yo) iba a vivir en el pequeño apartamento del primer piso de la tienda de comestibles, en lo que entonces se consideraba que era un barrio violento y peligroso. Para mis padres, vivir encima de la tienda tenía un sentido práctico: mi madre podía relevar a mi padre cuando este comía o descansaba. O, si había mucha gente a la que atender, él podía llamarla para que corriera a ayudarlo.

Aunque vivir en la planta superior de la tienda era adecuado para ellos, resultó desastroso para mí, ya que rara vez me sentía seguro fuera de mi casa. Por lo general, trabajaba en la tienda los sábados y durante las vacaciones escolares, no porque mis padres me lo pidieran, sino porque, aparte de leer con voracidad, había poco con lo que uno pudiera entretenerse. Había entonces en Washington una gran segregación racial, y nosotros éramos los únicos blancos del barrio, con la excepción de algunos pocos más que también eran propietarios de pequeños comercios. Uno de ellos, a cinco manzanas de mi casa, había sido muy amigo de mis padres, porque procedían del mismo *shtetl* en Rusia. Todos mis amigos eran niños negros, pero mis padres no les permitían entrar en nuestra casa. Además, a los niños blancos que vivían a unas manzanas de distancia ya se los había educado en el antisemitismo. Todos los días caminaba ocho largas y, a veces, peligrosas manzanas hasta llegar a la escuela primaria Gage, que estaba ubicada justo en el límite de una parte de la ciudad en la que solo vivían blancos. Recuerdo el saludo del barbero, que tenía su local a unos metros de la tienda de mi padre, al verme pasar:

—Eh, judío, ¿cómo te va?

Al cabo de unos años, mi padre dejó de vender alimentos y golosinas para empezar a vender tan solo bebidas alcohólicas. Aunque la tienda era más rentable, también tenía un grupo de clientes más desagradable, y fue objeto de múltiples robos. Para protegerse, mi padre contrató a un guardia armado, que se sentaba en la parte trasera de la tienda. Cuando yo tenía quince años, mi madre insistió en que com-

práramos una casa y nos mudáramos a un vecindario más tranquilo. Mi vida cambió por completo:
mejor escuela, calles más seguras, vecinos amisto-
sos. Y, sobre todo, conocí a Marilyn cuando estábamos en noveno curso. Aunque mi vida, a partir
de ese momento, mejoró de forma drástica, incluso ahora, ochenta años después, todavía me persi-
gue la ansiedad que esos primeros años generaron
en mí.

El pasado de Marilyn no podría haber sido más
distinto del mío. Ella creció en la parte segura y
agradable de Washington. Ni Marilyn, ni sus her-
manas ni su madre ponían nunca un pie en el ne-
gocio del padre. En cambio, Marilyn tomaba clases
de oratoria y lecciones de música, y recibía elogios
todo el tiempo; no conoció ni el antisemitismo ni
las amenazas en toda su vida.

No fue hasta unos meses después de conocernos que Marilyn y yo descubrimos que las tiendas de
nuestros padres estaban a apenas una manzana de distancia. La tienda de mi padre se hallaba en la esquina
de las calles Primera y Seaton, y la del padre de ella, en
las calles Seaton y Segunda. ¡De niño y adolescente,
debí de haber pasado, andando o en bicicleta, frente a
la tienda de mi futuro suegro miles de veces, literalmente! Nuestros padres, sin embargo, nunca se habían cruzado. Se conocieron años después, ya jubila-
dos, en nuestra fiesta de compromiso. Por eso, vistas
desde la distancia, parece que nuestras historias son
similares: padres que emigraron del este de Europa, y
que tenían sendas tiendas a solo una manzana de distancia el uno del otro. Sin embargo, hubo grandes

diferencias entre la infancia de Marilyn y la mía. Muchos de los primeros investigadores en mi campo (como Sigmund Freud, Anna Freud, Melanie Klein y John Bowlby) concluyeron que el trauma temprano, incluso aquel que se remonta a etapas preverbales, pasa factura, a veces de forma permanente, en la seguridad, la desenvoltura y la autoestima del adulto, y esto puede prolongarse hasta en las últimas etapas de la vida.

Capítulo 21

LLEGA LA MUERTE

Noviembre

Es el más lúgubre de los tiempos. La muerte de Marilyn ya es visible en el horizonte, se acerca cada vez más e impregna cada decisión, grande y pequeña. Marilyn desayuna té Earl Grey, y cuando veo que solo quedan dos bolsitas, voy a la tienda a comprar más. Pero ¿cuántas? Nadie más en la casa bebe té. Hay veinte bolsitas en cada caja. Me temo que no estará viva más que unos pocos días, pero compro dos cajas: cuarenta bolsitas de té, una súplica mágica para tenerla conmigo un poco más.

Se despierta por la mañana quejándose de dolor en la espalda. Apenas puede moverse sin sentir un dolor intenso, y hago lo que puedo para ayudarla a encontrar una posición menos dolorosa en la cama. Marilyn sufre de una forma terrible y yo me siento impotente y desgraciado.

Me pregunto por qué ya no menciona el fin de su vida: hablaba de eso muy a menudo cuando tenía mucho menos dolor. ¿Habrá cambiado de opinión? Sabe que puede terminar con su vida en cualquier momento porque, dos días antes, el doctor P. nos fue a buscar la mezcla letal de drogas a una farmacia que la suministra, y que está a una hora en coche. La dejó en la parte de atrás de un armarito en nuestro baño, en una bolsa donde dice bien grande: «Cuidado».

El dolor de espalda de Marilyn es tan fuerte que ya no puede bajar la escalera ni siquiera usando la silla eléctrica. Convencida de que su dolor se ve agravado por la blanda cama doble que compartimos Marilyn y yo, la enfermera de cuidados paliativos insiste en que duerma en una cama más firme, en el pequeño dormitorio al otro lado del pasillo. Esta noche, Marilyn duerme mejor, pero yo duermo mal: me preocupa tanto no oírla si grita de dolor que me quedo despierto, alerta, gran parte de la noche. Al día siguiente, mis hijos y yo reorganizamos considerablemente la distribución de los muebles: trasladamos la cama pequeña más firme a nuestro dormitorio, junto a nuestra cama doble, y la enorme biblioteca del dormitorio la movemos a otro cuarto.

A estas alturas, resulta obvio que Marilyn no podrá disfrutar del Día de Acción de Gracias con la familia. Su dolor ha aumentado tanto que el personal de cuidados paliativos le da una pequeña dosis de morfina cada hora para que se sienta mejor. Las dos primeras dosis la hacen dormir gran parte del día. Cada vez que trato de hablar con ella, solo puede murmurar unas pocas palabras antes de volver a adormecerse. Aunque me alegra que su dolor se haya aliviado, lloro cuando me doy cuenta de que es posible que esta haya sido nuestra última conversación. También veo la frustración de mi hijo Ben. Ha aceptado editar *Innocent Witnesses*, el libro de Marilyn sobre los recuerdos infantiles de supervivientes de la Segunda Guerra Mundial, pero no puede estar seguro de cuál es la versión más reciente del manuscrito, e intenta preguntarle varias veces a Marilyn dónde ha guardado el archivo en el ordenador. Pero Marilyn está demasiado aturdida como para responder.

Con frecuencia, Marilyn sufre de incontinencia, y varias veces al día mi hija y mi hijo menor, Ben (que tiene tres niños muy pequeños y mucha experiencia con pañales sucios), ayudan a limpiarla y cambiarla. En esos momentos salgo de la habitación: quiero conservar el recuerdo de mi hermosa Marilyn inmaculada. El resto del día me quedo a su lado, luchando contra la espantosa idea de que quizá hayamos intercambiado nuestras últimas palabras.

A última hora de la tarde, de repente, abre los ojos, se vuelve hacia mí y me habla:

—Ha llegado el momento. Irv, ha llegado el momento. Ya está, por favor. Ya está. No quiero vivir más.

—¿Le pido al doctor P. que venga? —pregunto con voz temblorosa. Ella asiente vigorosamente.

P. llega noventa minutos más tarde, pero determina que Marilyn está demasiado obnubilada por la morfina como para tragar por su propia voluntad los medicamentos que acabarán con su vida, tal como exige la ley de California. Deja órdenes para limitar de forma drástica el suministro de morfina y nos informa que él y su enfermera volverán a la mañana siguiente a las once. Nos da su número de teléfono móvil y nos insta a que lo llamemos en cualquier momento si es necesario.

A la mañana siguiente, Marilyn se despierta a las seis de la mañana muy perturbada, y de nuevo me suplica que el doctor P. la ayude a terminar con su vida. Lo llamamos y llega al cabo de una hora. Marilyn ha solicitado antes que todos nuestros hijos estén presentes en su muerte. Tres de nuestros hijos han pasado la noche en casa, pero el otro está en su casa, en Marin, a una hora en coche.

Cuando llega mi hijo, el doctor P. se acerca a Marilyn y le pregunta al oído:

—¿Qué te gustaría hacer, Marilyn?

—No seguir viviendo más. Por favor.

—¿Estás segura de querer acabar con tu vida ahora mismo? —pregunta y, aunque Marilyn está muy aturdida, logra asentir con firmeza y claridad.

El doctor P. primero le da un medicamento para prevenir los vómitos y luego prepara las medicinas letales en dos vasos. El primer vaso contiene 100 miligramos de digoxina, suficiente para detener el corazón. El segundo vaso contiene 15 gramos de morfina, 8 gramos de amitriptilina y 1 gramo de diazepam.

Parece inquieto y, mientras coloca sorbetes en cada vaso, expresa su preocupación:

—Espero que esté lo bastante consciente y fuerte como para tomar el medicamento en el vaso con la pajita. La ley exige que el paciente esté consciente para tragar el medicamento por sus propios medios.

Ayudamos a Marilyn a sentarse en la cama. Abre la boca y por el sorbete bebe el vaso con la digoxina. Inmediatamente, el doctor P. le acerca el segundo vaso a los labios. Aunque Marilyn está demasiado débil como para hablar, vacía con rapidez el contenido de ese vaso también. Se acuesta en la cama con los ojos cerrados y respira hondo. Alrededor de la cama estamos el doctor P., la enfermera, nuestros cuatro hijos y yo.

Mi cabeza está al lado de la cabeza de Marilyn, y mi atención está fijada en su respiración. Observo cada movimiento de ella y cuento en silencio sus respiraciones. Después de su decimocuarta y débil inspiración, ya no respira más.

Me inclino para besar su frente. La piel ya está fría: ha llegado la muerte.

Mi Marilyn, mi querida Marilyn, ya se ha ido.

En menos de una hora llegan dos hombres de la funeraria. Todos esperamos abajo. Quince minutos después, la bajan por la escalera envuelta en la mortaja. Justo antes de que salgan por la puerta principal, pido verla una vez más. Abren la cremallera de la parte superior de la mortaja, revelando su rostro, y yo me inclino y poso mis labios sobre su mejilla. Su piel está dura y muy fría. ¡Ese beso helado me perseguirá durante el resto de mi vida!

Capítulo 22

VIVIR DESPUÉS DE LA MUERTE

Noviembre

La gente de la funeraria se lleva el cuerpo de Marilyn, y yo me quedo en *shock*. Mi mente vuelve a nuestro proyecto de escritura, que ahora se ha convertido en mi proyecto. Recuerda esta escena, me digo. Recuerda todo lo que pasa, todo lo que se te pasa por la mente, para poder escribir sobre estos momentos finales. Una y otra vez, me oigo susurrarme a mí mismo: «Nunca la volveré a ver, nunca la volveré a ver, nunca la volveré a ver».

El funeral es pasado mañana. Aunque estoy rodeado de mis cuatro hijos y sus parejas y de muchos de mis nietos, me siento solo en la vida como nunca antes me había sentido. Lloro en silencio mientras subo la escalera y paso la mayor parte del día de la muerte de Marilyn solo en mi habitación, tratando de aliviar mi sufrimiento, prestando atención a la actividad de mi mente. Aparecen ciertos pensamientos repetitivos, escenas intrusivas y no deseadas, es una experiencia vívida y poderosa de la mente obsesiva. Una y otra vez, veo en mi mente escenas de la terrible masacre de la plaza de Tiananmén y los enormes tanques del ejército aplastando a los estudiantes que estaban protestando en China. De hecho, el pensamiento es como un tanque. No puedo detenerlo. Atruena en mi mente.

¿Por qué diablos me viene a la mente esta escena? Estoy desconcertado. No había pensado demasiado en el levantamiento de Tiananmén desde que tuvo lugar, hace unos treinta años. Quizá el recuerdo lo han despertado las escenas que se repiten en televisión de los actuales disturbios estudiantiles en Hong Kong. Tal vez sea una expresión visual de la brutal inexorabilidad de la muerte. Una cosa es cierta: no me gusta esta escena, no quiero que contamine mi mente. Busco un interruptor para apagarla, pero es en vano: una y otra vez, se repite la misma escena. He trabajado incontables horas con pacientes obsesivos, pero en este momento, tengo una apreciación mucho más vívida y cabal de aquello con lo que se enfrentaban. Nunca me había dado cuenta de lo desagradable e imparable que es una obsesión. Trato de sacarla de mi mente con un mantra de respiración, digo «calma» cuando inhalo y «relajación» cuando exhalo, pero todo es en vano. Me asombra mi impotencia: no puedo hacer más de cinco o seis ciclos de respiración antes de ver, una vez más, a los despiadados tanques aplastando a los estudiantes.

Me siento exhausto y me acuesto en la cama. Mi hija y mi nuera entran de forma inesperada en la habitación y se tumban a mi lado. Ya se han ido cuando me despierto, tres horas después. ¡Quizá haya sido la siesta más larga de mi vida y la primera vez que recuerdo haber dormido boca arriba!

Por la noche, cuando me voy a dormir, me siento desamparado e irreal. Es mi primera noche sin Marilyn. La primera de todas mis noches solitarias, hasta el final de mi vida. Claro, he pasado muchas noches sin Marilyn mientras daba conferencias en otras ciudades o cuando ella estaba de visita en París, pero esta es la primera noche que me voy a dormir y Marilyn ya no existe. Duermo profundamente, algo anormal en mí, durante nueve horas. Cuando me despierto, me doy cuenta de que he dormido doce de las últimas veinticuatro horas, el sueño más largo y profundo en un periodo de veinticuatro horas que soy capaz de recordar.

Mis cuatro hijos, sin hacerme preguntas, se hacen cargo de todos los asuntos en los próximos días, incluidos los arreglos del funeral (la reunión con el director de la funeraria y con la rabina que presidirá la ceremonia, la selección de los oradores, la contratación del catering para cuando recibamos a la gente después del funeral, etc.). Me hacen las cosas más fáciles, y se lo agradezco y me siento orgulloso de ellos sin duda alguna, pero al mismo tiempo hay una parte de mí, una parte inquieta, infantil, a la que no le gusta que la ignoren. Siento que me pasan por alto, me siento viejo, inútil, superfluo, descartado.

Llega el día del entierro. El cementerio está enfrente de la escuela secundaria Gunn, a la que asistieron todos mis hijos, aproximadamente a veinticinco minutos a pie de mi casa. Aunque escribo estas líneas cuando solo han pasado unos días desde la muerte de Marilyn, poco del funeral permanece vivo en mi memoria. Tengo que hablar con mis hijos y amigos para traer los recuerdos a la conciencia. Se llama represión traumática: otro fenómeno psicológico interesante que me han descrito muchos pacientes y que nunca había experimentado en persona.

Comenzaré por lo que recuerdo con claridad. Alguien (no sé bien quién, pero sospecho que fue mi hija, que estuvo a mi lado todo el día) me lleva a la capilla del cementerio. Recuerdo que la espaciosa capilla ya está llena cuando llegamos diez minutos antes de la hora. Abre la ceremonia Patricia Karlin-Neuman, la rabina que conocimos hace unos años, cuando nos habían invitado a Marilyn y a mí a hablar en Hillel House, en Stanford. Hay breves elogios fúnebres de tres de mis hijos (Ben, Eve y Reid) y de dos de nuestros amigos más cercanos (Helen Blau y David Spiegel). Tengo un recuerdo claro de que, sin excepción, cada uno de los cinco discursos fue perfecto. Me impresiona en especial mi hijo Reid. Ha sido un excelente fotógrafo durante la mayor parte de su vida, y recientemente, este último año, me ha enseñado la poesía y la prosa que ha escrito sobre su infancia y adolescencia. Es evidente que tiene un talento considerable que está comenzando a explotar. Pero eso es todo lo que recuerdo. Nunca antes había borrado tantos acontecimientos de mi memoria (o ni siquiera había llegado a registrarlos).

En mi siguiente evocación, estoy sentado al aire libre junto al lugar del entierro. ¿Cómo he llegado hasta aquí desde la capilla? ¿Caminando? ¿Un viaje corto en automóvil? No lo recuerdo. Más tarde se lo pregunto a mi hija, y me dice que ella y yo hemos ido juntos. Reconozco el lugar de la tumba, me recuerdo sentado con mis hijos en la primera fila de sillas, frente al ataúd de Marilyn, al que bajan despacio a un hondo foso. A solo unos metros de distancia está la tumba de su madre.

Me acuerdo de que estaba envuelto en una especie de niebla, inmóvil como una estatua. Apenas soy capaz de recordar vagamente a los invitados que se alinean frente a la fosa y, mientras cantan una oración, van cogiendo la pala y arrojando cada uno una palada de tierra sobre el ataúd. Recuerdo esta tradición, de otros entierros a los que he asistido, pero me parece una idea horrorosa y me niego en rotundo a echar tierra sobre el féretro de Marilyn. Así que me quedo allí sentado, como en trance, hasta que todos han terminado. No sé si alguien se da cuenta de mi negativa a participar y, si es así, espero que lo atribuyan a la inestabilidad de mis pies y a mi gran dependencia del bastón. Poco después me voy a mi casa con mis hijos.

En casa, la mayoría de las personas que han ido al funeral disfrutan de la conversación, el champán y los bocadillos que hace circular el proveedor de catering que han contratado mis hijos. No puedo recordar si llego a comer o a beber algo. Creo recordar que hablo durante un largo rato con un par de amigos cercanos, pero una vez más, todos los detalles de la recepción se han evaporado. De una cosa estoy seguro: no soy el anfitrión ejemplar que circula entre los invitados, saludando y animando la conversación; en realidad no recuerdo haberme levantado de la silla. Sentados a mi lado, dos amigos hablan de asistir a un próximo curso vespertino en Stanford sobre el cuento corto de los siglos xix y xx y me invitan a unirme a ellos.

Sí, lo haré, me decido a aceptar. Quizá esto represente el comienzo de mi vida sin Marilyn.

Después, casi de forma instantánea, comienzo a imaginármela en su ataúd, bajo tierra. Pero expulso este pensamiento: sé que Marilyn no está en realidad en su féretro. Ya no está en ninguna parte. Ella ya no existe, excepto en mi memoria y en la de todas las personas que la amaban. ¿Llegaré a comprenderlo alguna vez?

¿Llegaré alguna vez a aceptar su muerte? ¿Y la mía que está por venir?

No tengo que enfrentarme a la muerte de Marilyn solo: después del funeral, mis cuatro queridos hijos se quedan conmigo todo el tiempo que pueden. Mi hija Eve deja su trabajo como ginecóloga durante casi tres semanas y me cuida con mucho cariño. Finalmente, le digo que me siento preparado para estar solo, pero durante la última noche que pasa conmigo tengo una auténtica pesadilla, la primera en muchos años. Está oscuro, en mitad de la noche, y oigo un crujido. Sé que la puerta del dormitorio se está abriendo. Me vuelvo y veo la cabeza de un hombre. Es guapo y lleva un sombrero de fieltro gris oscuro. De algún modo, sé que es un mafioso, y también sé que viene a matarme. Me despierto con el corazón latiéndome con fuerza.

El único mensaje evidente de este sueño es que yo también tengo una cita inminente con la muerte. Ese sombrero de fieltro gris..., mi padre llevaba un sombrero de fieltro gris como ese. Y era guapo. Pero estaba lejos de ser un mafioso. Era un hombre amable y gentil, que murió hace más de cuarenta años. ¿Por qué estoy soñando con mi padre? Rara vez pienso en él. Quizá no lo han enviado para matarme, sino para escoltarme al reino de los muertos, donde Marilyn y yo moraremos para siempre.

Tal vez el sueño también me está diciendo que aún no estoy preparado para que mi hija se vaya de casa, que no estoy preparado para quedarme solo. Pero no se lo cuento: ella es médica y ya ha cancelado demasiadas citas con sus pacientes. Es hora de que regrese a su propia vida. Mi hijo Reid puede haber captado que aún no estoy preparado para estar solo y, sin preguntármelo, viene a pasar conmigo el siguiente fin de semana. Disfrutamos de muchas partidas de ajedrez, igual que cuando era niño.

No es hasta la semana siguiente, cuando Marilyn ya lleva un mes muerta, cuando paso por primera vez un fin de semana solo. Al recordar el funeral, me pregunto por qué me sentía tan tranquilo, como entumecido, el día del entierro. A lo mejor se debió a que había estado tan cerca de ella cuando estaba agonizando. Hice todo lo que podía hacer. Rara vez me alejaba de su lado y llegué a contar sus últimas respiraciones. Y ese último beso en su mejilla helada..., esa fue la despedida real.

De la mano en nuestra fiesta de compromiso.

RECORDAREMOS...

Elogios fúnebres a Marilyn Yalom
22 de noviembre

Eve Yalom, hija

Al comienzo de su enfermedad, cuando mi madre empezó la quimioterapia, recibió grandes muestras de amor de muchos de vosotros. Con frecuencia decía que se daba cuenta de que «no vives solo para ti misma». Hasta llegar a ese trance, no se había dado cuenta de lo importante que era para muchos de vosotros, de cuántos de vosotros habéis sido guiados, educados, alentados, motivados y amados por ella.

Saber eso la conmovió mucho e hizo que sus últimos meses valieran la pena. Quiso despedirse en persona de todos y que cada uno de vosotros supierais cuánto os amaba. Como su hija, di por sentado que siempre habría lugar para otro plato en la mesa, y un centímetro disponible más en el pequeño pero poderoso regazo de mi madre. Me sentí profundamente amada, guiada y motivada a dar lo mejor de mí misma, como todos nosotros, sus hijos.

¡Qué suerte tuve de haber tenido una madre tan feminista! Fue una suerte para toda mi generación saber que también nosotras podíamos conseguir lo que nos propusiéramos y, a título personal, fue una gran suerte tenerla a ella como guía. Fue mentora y madre tanto mía como de mis amigos de la infancia, y de mis hijos tanto como de los amigos de mis hijos.

El trabajo de toda mi vida como ginecóloga ha sido traer vidas al mundo y, de algún modo, me parece muy apropiado que ahora yo esté aquí para ayudarla a despedirse de este mundo.

Reid Yalom, hijo

Marilyn amaba la tierra,
le encantaba poner sus manos
en la fecunda tierra arcillosa
arrodillada para plantar tomates
y cosechar fresas.
Echaremos de menos su salsa chutney
de damasco y mermelada.
A Marilyn le encantaba el aire puro.
Y era una buena caminante con sus robustas
piernas.
Recuerdo un momento especial,
recogiendo arándanos en Heidelberg,
inhalando el aroma azul.
Y otro momento,
mirándola coger la mano de Irv
en una playa de Hawái al atardecer.

Puedo verla cerrar los ojos,
respirar el aire cargado de sal.
Ella amaba el fuego
y todas las cosas calientes.
Cuando la leña crepitaba en el hogar,
Marilyn siempre se sentaba
a la distancia óptima para chamuscarse.
Recuerdo esa semana en Silver Lake
cuando tres generaciones se reunieron
para pasear y nadar.
Y las historias y las canciones
alrededor de la fogata
donde le gustaba dorar sus malvaviscos
de un lado y del otro.
Marilyn amaba la belleza
no de una manera simple y hedonista,
sino más bien como afirmación de la vida,
como emblema de la bondad de la humanidad.
En cierto sentido, toda ella fue bondad,
esa fue su causa,
su religión.
Fue lo que buscó en su trabajo
y lo que compartió con el mundo
en sus escritos,
y con sus hijos
en los momentos cotidianos
antes de cenar escuchando
Las cuatro estaciones de Vivaldi,
tal vez con una copa de jerez no demasiado seco en
la mano...
o de formas aún más extraordinarias,
llevándonos a admirar

los vitrales de Chartres,
pero lo más importante,
reuniendo una colección de amigos tan asombrosa,
estudiantes, colegas,
y por supuesto su familia:
Irv, mis hermanos, nuestras esposas y sus ocho
nietos.
Ella nos animaba a todos
a hacer nuestra su causa;
a encontrar la bondad
en otras culturas y religiones,
en la humanidad,
y el uno en el otro.
Echaré mucho de menos que no sostenga esta luz,
pero no espero que la luz disminuya,
sino más bien que aumente en intensidad,
que irradie hacia el cielo nocturno
como tantas estrellas brillantes
en un universo en constante expansión.
Cada uno de vosotros sostiene ahora esta luz.

Ben Yalom, hijo

Mi madre tenía una forma particular de ver el mundo, muy influida por haber vivido parte de su vida en Francia. *La façon ou manière correcte de faire les choses*, la forma correcta de hacer las cosas, incluye ser cortés y mostrar delicadeza al hablar, tener buenos modales, llevar el cabello correctamente peinado, lavarse las manos y ponerse algo decente para la cena. Más allá de tratar con niños, creo que este sen-

Nuestra boda. Washington D. C. Junio de 1956.

tido de *la façon correcte de faire les choses*, aunque quizá haya estado un poco fuera de lugar en la California de finales del siglo xx, le dio confianza en el mundo, un sentido de la vida al que muchos de vosotros habéis aludido en los maravillosos recuerdos que acabáis de compartir.

Una forma extrema de eso se puede ver en la frase, que me dedicaba a menudo cuando yo era chico, de que «a los niños se los debería ver, pero no oír». ¡Ja! Debí de volverla loca, porque no fui un niño tranquilo y educado. Al contrario, era terco, hablador, gritón y no paraba de pedir cosas. No recuerdo haber sido un niño difícil, pero todos me aseguran que sí lo fui.

He sido sobre todo consciente de esto desde hace poco tiempo, viendo a mi madre con mi hijo

Reunión familiar, 1976. Nuestra hija Eve y nuestros
hijos Reid, Victor y Ben (sentado en el suelo).

de seis años, Adrian. Es un niño salvaje y muy terco,
siempre está gritando, tirando las cosas al suelo y
no le falta tiempo para decirme que soy el peor padre del mundo. Pero me lo tomo como mi retribu-
ción kármica personal.

Y sin embargo, cuando está tranquilo, es un
niño hermoso, radiante y encantador. Me daba miedo que mi madre no soportara su comportamiento,
porque este se aparta bastante de *la façon correcte de
faire les choses* (y por supuesto Adrian no es la clase
de niño al que solo se ve pero al que nunca se oye).
Pero sucedió todo lo contrario, Marilyn desarrolló
rápidamente un fuerte vínculo con él. *«Il est très at-
tachant»*, me decía cada vez que hablábamos: uno
enseguida le toma apego.

Juntos pasaban horas leyendo las canciones infantiles de *Las rimas de Mamá Oca: Humpty Dumpty* y *Cuatrocientos veinte mirlos*, y la mejor de todas (y una, y otra, y otra vez):

¡Hola, Diddle!, el gato y el violín.
La vaca saltó sobre la Luna
y el perrito se rio al ver tanto deporte
y aquí todos se empezaron a reír y gritaron,
¡y el plato se escapó con la cucharaaaaaaaaa!

Lo que provocaba que Adrian, una y otra vez, se echara a rodar por el suelo en un incontrolable ataque de risa.

La paciencia, calidez y tierna alegría que demostraba con mi hijo me recuerdan que mi madre no era tan severa ni tan estricta, aunque a veces lo pareciera. Más bien, se las arreglaba para calmar al monstruo terco e incontrolable que yo llevaba dentro con sus formas tranquilas, silenciosas y sabias.

Sé que durante estos últimos meses habló con cada uno de sus hijos y con muchos de sus amigos, y compartió recuerdos únicos con ellos. El lunes por la noche, la última vez que hablamos, cuando aún estaba lúcida, me dijo: «Eras mi bebé y siempre lo serás».

Bailando en Hawái en nuestro quincuagésimo
aniversario de bodas.

Recordaremos...

Leído por Eve Yalom y sus hijas Lily y Alana.
Recitado por todos los asistentes

Cuando olamos el aroma de la lavanda de la
Provenza,
  la recordaremos.
Cuando leamos un libro inteligente y de buena
factura,
  la recordaremos.
Cuando debamos referirnos a Dios en su forma
femenina,
  la recordaremos.
Cuando las mujeres nos sentemos a la mesa y
digamos lo que pensamos abiertamente,
  la recordaremos.
Cuando sintamos reverencia por la historia
pero nos tomemos la libertad de cuestionar el
patriarcado,
  la recordaremos.
Cuando escuchemos las campanas de San
Sulpicio,
  la recordaremos.
Cuando los damascos estén en flor,
  la recordaremos.

*Cuando el té de la tarde se convierta en el jerez de
  la noche,*
        la recordaremos.
Cuando la costilla se pegue al hueso,
        la recordaremos.
Cuando la policía gramatical nos cite a declarar,
        la recordaremos.
Cuando brindemos con champán,
        la recordaremos.
*Cuando estemos confundidos, abatidos, animados
  o alegres,*
              la recordaremos.
*Mientras vivamos, ella también vivirá, porque es
  una parte de nosotros.*
              La recordaremos.

En una gira de conferencias, en Rusia.

Capítulo 23

CÓMO ES LA VIDA VIVIENDO SOLO

Cuarenta días después de la muerte de Marilyn

Hago caminatas de cuarenta y cinco minutos todos los días, a veces con amigos o vecinos, pero generalmente solo, y paso varias horas al día trabajando en este libro, además de trabajar muchas horas al teléfono con mi buen amigo y coautor Molyn Leszcz, escribiendo y editando los últimos capítulos de la próxima edición, la sexta, de *Teoría y práctica de la psicoterapia de grupo*. La mayor parte del tiempo me mantengo ocupado y no permito muchas intromisiones en mi rutina. Estoy tan dedicado a escribir este libro que me levanto cada día ansioso por llegar a mi estudio y empezar a trabajar a eso de las ocho de la mañana. Soy feliz escribiendo, pero me preocupa cuál será mi estado de ánimo cuando termine este trabajo. Mi predicción es que una profunda tristeza caerá sobre mí.

Teniendo en cuenta todo lo que me ha pasado, me asombra estar tan bien. ¿Por qué no he quedado paralizado por mi pérdida? Jamás dudo de la profundidad de mi amor por Marilyn: estoy seguro de que ningún hombre ha amado más a una mujer. ¿Cuántas veces, mientras la veía sufrir esos últimos meses, le dije «Ojalá pudiera estar yo en tu lugar»? Y lo decía en serio: habría dado mi vida por ella.

Repaso una y otra vez en mi mente esas horribles últimas treinta y seis horas de la vida de Marilyn, y que pasé a su lado. Innumerables veces besé su frente y sus mejillas, a pesar de que ya casi no respondía a los estímulos. Su muerte fue una liberación para los dos. Para ella, una liberación de las continuas náuseas y el dolor, y también de la fatiga que le causaba despedirse del gran número de amigos y familiares que la amaban. Para mí, fue una liberación tras varios meses de verla sufrir sin poder hacer nada. Las últimas treinta y seis horas fueron las peores para mí, porque la morfina y el lorazepam que le administraban, incluso en pequeñas dosis, la incapacitaban para comunicarse: yo trataba de conversar con ella cuando abría los ojos un momento, me sonreía, intentaba decir una palabra o dos, y se quedaba dormida otra vez. Recuerdo haberme enfadado, de manera irracional, con la enfermera de cuidados paliativos por darle demasiada morfina, privándome así de mi última oportunidad de hablar con ella.

Otra escena de despedida que me viene a la mente de improviso es algo que ocurrió cuando trabajaba con grupos de pacientes con cáncer terminal. Es una escena que había olvidado hace mucho tiempo. Me pasó varias veces que un paciente demasiado enfermo para poder asistir a la reunión del grupo me solicitara una visita a domicilio, a lo que yo siempre accedía. Un día recibí una solicitud de este tipo de Eva, una mujer de mediana edad que se estaba muriendo de cáncer de ovarios y que rara vez se había perdido uno de nuestros encuentros en grupo. Me presenté en la puerta de su casa el día después de recibir su llamada; su cuidador me hizo entrar y me llevó a su habitación. Eva, que había estado dormitando, sonrió de oreja a oreja al verme y, con voz débil y grave, le pidió a su cuidador que nos dejara solos.

Parecía muy frágil. Su voz, que antes era poderosa, había quedado reducida a un susurro. Me contó que su médico le había dicho que no le quedaba ya mucho tiempo de vida, y que lo mejor sería que fuera al hospital, pero ella se había negado diciendo que prefería morir en casa. Después, con la cabeza vuelta hacia mí, me cogió de la mano y, mirándome directamente a los ojos, me dijo:

—Irv, una última petición, por favor. ¿Te acostarías aquí en la cama, a mi lado?

No podía rechazar esa petición, nunca me lo habría perdonado a mí mismo, a pesar de que me aterraba la idea de tener que defenderme ante los rostros severos y censores de un comité de ética médica. Sin quitarme los zapatos, me acosté sobre la espalda a su lado y, cogidos de la mano, hablamos durante unos veinticinco minutos y nos despedimos. Me siento orgulloso de haberle brindado consuelo a esta querida mujer.

A medida que este recuerdo se evapora, mi mente vuelve a Marilyn, que yace en su ataúd en las profundidades de la tierra. Pero no puedo pensar en el cementerio o en el féretro, y no voy a hacerlo; sé que mi querida Marilyn no está allí en realidad.

Por momentos, siento que la tristeza desaparece. Como si el caos y la desesperación estuvieran terminando los asuntos que tenían pendientes conmigo y estuvieran comenzando a irse poco a poco. Pero un tiempo después recibo un correo electrónico de Pat Berger. Su esposo Bob y yo habíamos sido amigos íntimos durante nuestros días de estudiantes de Medicina, y después lo seguimos siendo hasta que él murió hace tres años. Hacia el final de su vida, fuimos coautores de un libro, *¡Llamo a la policía!*, sobre su supervivencia en Hungría durante el Holocausto nazi. El correo electrónico de Pat Berger contiene una hermosa foto de Marilyn tomada hace tres años bajo el tallo de una magnolia en flor. Mirar esta foto y recordar nuestros tiempos felices juntos reaviva mi dolor y eso me devuelve a la realidad. No tengo duda alguna de que me queda mucho sufrimiento por delante.

Aunque ahora tengo ochenta y ocho años, todavía tengo mucho que aprender sobre la vida, principalmente sobre cómo vivir como un adulto independiente que vive solo. He hecho muchas cosas en mi vida: he sido médico, he atendido a innumerables pacientes, he dado clases, he escrito libros, he sido padre, he criado a cuatro hijos amorosos, generosos y creativos, ¡pero nunca he vivido solo! Sí, es impactante, pero es cierto. Me asombro y vuelvo a repetirlo: nunca he vivido solo como un adulto independiente.

Después de conocernos en la escuela secundaria, Marilyn y yo siempre estuvimos juntos hasta que ella se subió al tren para asistir a Wellesley College en Massachusetts. Yo me quedé en Washington D. C., estudié Medicina en la Universidad George Washington, vivía con mis padres, y no tenía nada más que hacer que estudiar con ímpetu y ansiedad.

Mi ansiedad estaba justificada, porque en esa época, todas las facultades de Medicina de Estados Unidos tenían una cuota fija: los estudiantes judíos no podían exceder del cinco por ciento del total de los alumnos. Y no sé de dónde lo saqué, pero en alguna parte me enteré de que las escuelas de medicina, en ocasiones, aceptaban a los estudiantes sobresalientes después de solo tres años de universidad, en lugar de los cuatro normalmente requeridos. Esa era una información importante para mí: estando yo en Washington y ella en Boston, tenía prisa por casarme con Marilyn, porque tenía miedo de que se quedara con alguno de los estudiantes de Harvard con los que se veía y que podían ofrecerle mucho más que yo: más sofisticación, más riqueza, familias más importantes. Aproveché la oportunidad de reducir mi tiempo apartado de ella: estaba decidido con absoluta determinación a ingresar en la Escuela de Medicina un año antes de lo normal. La solución era evidente: si obtenía las mejores notas durante los tres primeros años en George Washington, tendrían que aceptarme en la facultad de Medicina de una vez. ¡Y eso fue exactamente lo que sucedió!

Durante los años que pasamos separados mien-

tras estudiábamos, Marilyn y yo seguimos manteniendo un contacto estrecho: sin falta nos escribía-
mos cartas todos los días y, a veces, hablábamos por
teléfono. (Las llamadas telefónicas de larga distancia entre Washington y Nueva Inglaterra eran caras
en aquellos días, y yo no tenía ingresos económicos.)

Cuando me admitieron en la Escuela de Medicina de la Universidad George Washington, me quedé ahí solo un año antes de trasladarme a la Escuela
de Medicina de la Universidad de Boston, para estar
más cerca de Marilyn. Allí alquilé una habitación,
en una casa en Marlborough Street, donde vivía con
otros cuatro estudiantes de Medicina. Pasaba todos
los fines de semana con Marilyn. Nos casamos cuando yo estaba en el tercer año de la carrera y vivimos
juntos de allí en adelante: primero en un apartamento en Cambridge; luego un año en Nueva York,
donde hice de pasante; después, tres años en Johns
Hopkins, en Baltimore; después, dos años más en
Hawái, mientras servía en el ejército, y después de
eso, Stanford, en Palo Alto, California, durante el
resto de nuestras vidas.

Así que ahora, a los ochenta y ocho años y con
Marilyn muerta, me encuentro viviendo solo por
primera vez en mi vida. Tengo que cambiar tantas
cosas. Si veo un programa de televisión muy bueno,
tengo ganas de contárselo a Marilyn, y una y otra
vez tengo que recordarme a mí mismo que Marilyn
ya no está y que ese programa de televisión, ese fragmento de vida, es valioso e interesante aunque nunca pueda compartirlo con ella. Cosas de este tipo

me pasan con mucha frecuencia. Una mujer llama y pregunta si puede hablar con Marilyn. La pongo al tanto de su muerte y comienza a sollozar, me dice cuánto va a echarla de menos y lo importante que Marilyn ha sido para ella. Una vez terminada la llamada, de nuevo, tengo que recordarme que esta experiencia también termina conmigo, ahora. No va a ser posible compartirla con ella.

Pero no me refiero a la soledad. Es cuestión de aprender que algo puede tener valor, interés e importancia incluso si soy el único que lo experimenta, incluso si no puedo compartirlo con Marilyn.

Un par de días antes de Navidad, la familia entera se reúne en mi casa: mis cuatro hijos, sus cónyuges, mis seis nietos y sus parejas: unos veinte en total, que duermen en los dormitorios, en la sala de estar, en el estudio de Marilyn y en mi consultorio. Mis hijos están hablando del menú de esta noche y de lo que vamos a hacer, y de repente me quedo congelado: puedo oírlos, pero no puedo moverme. Me siento como una estatua. Ellos se alarman.

—Papá, ¿estás bien? Papá, ¿qué pasa?

Y luego, por primera vez, me echo a llorar desconsolado y les digo con mucha dificultad:

—Es que ella no está aquí, no está en ninguna parte. Marilyn nunca, nunca sabrá todo lo que está pasando aquí esta noche. —Mis hijos parecen en estado de *shock*: nunca me habían visto llorar.

Todos notan intensamente la ausencia de Marilyn en nuestra celebración, mezcla de Navidad y

Janucá. Somos tantos que traemos comida china de un restaurante cercano para la Nochebuena. Mientras esperamos a que llegue la cena, termino una partida de ajedrez con Victor. En un momento en el que hay un poco de calma alrededor, distraído, quiero decirle algo a Marilyn. Por supuesto, ella ya no está. Estaba absorto en el juego, pero ahora que la partida ha terminado, de repente me siento vacío. Con la excepción de su tercer año de universidad, cuando estaba en Francia, he pasado cada Nochebuena con Marilyn durante setenta años consecutivos. Tengo sentimientos y recuerdos de todas las Navidades que hemos pasado juntos: todos los árboles de Navidad, los regalos, las canciones y la comida. Pero este año es diferente: hay poca alegría, y no hay árbol de Navidad. Siento mucho frío, estoy tiritando tanto que me quedo un rato en el aire tibio del invernadero para sentirme mejor. Quiero mucho a todos los que están aquí, estoy rodeado de mis hijos y nietos, pero siento un vacío. Falta el centro de todo.

El día de Navidad, mi hija cocina el plato principal, pato a la pekinesa; los demás preparan una variedad de comidas que no guardan relación entre sí. Todo el mundo lo sabe, y muchos lo comentan, que si Marilyn hubiera estado viva, jamás podríamos haber puesto en práctica impunemente la idea de encargar comida china para Nochebuena, o mezclar platos que no pegan para la cena de Navidad. Además, Marilyn siempre comenzaba nuestra cena de Navidad/Janucá con algún comentario formal o, en general, con una lectura de la Biblia. En estas primeras fiestas sin ella, nos sentimos perdidos. No hay comienzo con ceremonia: simplemente nos sentamos y comemos. Echo de menos esa lectura ritual: es algo a lo que siempre estuve acostumbrado, como tantas otras cosas que mi irremplazable esposa me proporcionaba.

Durante los últimos diez años, desde que tenía dieciséis, mi nieta Alana y yo horneamos *kichel* en Navidad, siguiendo la receta de mi madre. Alana ya ha crecido, es estudiante de Medicina de cuarto año, está comprometida para casarse y, ahora, ella es la responsable del equipo de repostería de *kichel*. Ella y yo preparamos la masa, la levadura y la manteca la noche antes, y a primera hora de la mañana amasamos la masa leudada, la extendemos y le agregamos pasas, nueces, azúcar y canela para crear una treintena de suculentas tortas. Esta vez las preparamos con tristeza, ambos estamos pensando que a Marilyn le habrían encantado.

La familia ha crecido tanto que durante las últimas Navidades echamos a suertes a quién le toca comprar los regalos, de forma que cada uno le compre su regalo a una sola persona. Pero este año hemos cancelado la compra de regalos: estamos todos demasiado tristes y tenemos poco interés en dar o recibir regalos.

Los chicos van a estar conmigo los próximos días, así que no me preocupa la soledad. Habrá mucha conversación, comidas maravillosas, mucho ajedrez, Scrabble y juegos de cartas. Por último, se marchan y paso la víspera de Año Nuevo solo. Resulta ser una experiencia inesperadamente benigna. Mi introversión le gana la partida a la soledad. Cuando se acerca la medianoche, enciendo el televisor y veo todas las celebraciones desde Times Square hasta San Francisco. De repente me doy cuenta de que es el segundo Año Nuevo, en setenta años, que no tengo a Marilyn a mi lado. (La primera vez fue cuando cursó su tercer año de universidad en Francia.) En la televisión veo a la gente gritando hurras en Times Square, pero bajo el sonido. Marilyn ya no está, y la vida real se ha acabado. Me siento decaído, triste, y sé que nadie puede arreglarlo. Marilyn está muerta. Imagino su cuerpo descomponiéndose en el ataúd. Ahora solo vive en mi mente.

Capítulo 24

SOLO EN CASA

Cuarenta y tres días después

Mire donde mire, me encuentro con recuerdos de Marilyn. Entro en nuestra habitación y veo muchos de sus medicamentos en la mesita de su lado de la cama. Mañana le pediré a Gloria que los ponga en algún lugar fuera de la vista. Después veo las gafas de lectura de Marilyn en su silla, en la sala donde está la televisión, pero hay otros pares de gafas, varios, en su cuarto de baño. ¿Por qué tenía tantos? Al lado de un sinfín de frascos y cajas de medicamentos, junto al sofá donde pasó gran parte de sus últimas semanas, veo su iPhone. ¿Qué hago con todo esto? Como ocurre con la mayoría de las cosas en este momento, evito el problema y lo dejo en manos de mis hijos.

Pasaron muchas semanas antes de que me decidiera a abrir la puerta de su estudio. Incluso ahora, seis semanas después de su muerte, no me atrevo a entrar en la habitación y evito mirar los objetos de su escritorio. Sigo sin querer tocar las cosas de Marilyn, no quiero quedarme con ellas, pero tampoco quiero deshacerme de ellas. Sí, estoy siendo infantil, ya lo sé, pero no me importa. Solo me avergüenzo cuando pienso en todas las personas que pasaban por el proceso del duelo y a las que he atendido a lo largo de los años, y que no tuvieron el lujo de contar con una familia numerosa que se ocupara de eliminar todo rastro de la persona fallecida.

Hay un portarretratos con la foto de Marilyn en un rincón de la sala, mirando hacia la pared. Vi esta magnífica foto en su obituario del *Washington Post*. Me gustó tanto que busqué el negativo y le pedí a mi hijo Reid, un fotógrafo excelente, que me hiciera una copia. La enmarcó y la trajo para Navidad. Durante los primeros días, me propuse mirar la foto con frecuencia, pero eso siempre me hacía sentirme tristísimo, así que finalmente la di vuelta a la fotografía y la puse de cara a la pared. De vez en cuando, me acerco al portarretratos, le doy la vuelta, respiro hondo y miro la foto fijamente. Ella es tan hermosa, sus labios parecen estar diciendo: «No me olvides..., tú y yo, mi amor, para siempre..., no me olvides». Pero desvío la vista, abrumado por el dolor. Más dolor del que puedo soportar. Me pongo a llorar sin contención. No sé qué hacer.

¿Debo protegerme del dolor? ¿O debo hacer lo contrario y aguantar el dolor, mirarla intensamente y llorar una y otra vez? Sé que llegará el momento en que colgaré esa foto en la pared y la contemplaré con gran placer. Nuestros ojos se encontrarán y se quedarán allí, y los dos nos sentiremos tan llenos de amor el uno por el otro y tan agradecidos por haber podido pasar nuestras vidas juntos. Se me caen las lágrimas mientras escribo estas líneas, y me paro, me seco los ojos y miro a través de la ventana hacia las ramas de nuestro roble, esas que se extienden hacia el cielo azul claro.

Son muchas las cosas que a diario quiero compartir con Marilyn. Me entero de que Maximart, la pequeña farmacia del barrio de la que hemos sido clientes durante más de cuarenta años, acaba de cerrar sus puertas y, de inmediato, me veo contándole a Marilyn esta noticia que sin duda la habría entristecido. O que nuestros dos hijos mayores, que durante años se habían negado a jugar al ajedrez juntos, estuvieron jugando alegremente al ajedrez durante las últimas fiestas. O que uno de nuestros hijos, que se había negado a aprender a jugar al pinacle, está ahora aprendiendo las reglas y ha empezado a jugar con sus hermanos y conmigo. Tanto lo del ajedrez como lo del pinacle son síntomas de que la familia se está uniendo todavía más. ¡Oh, cómo me gustaría poder decírselo a Marilyn! Se habría puesto tan contenta.

Al leer sobre otras personas que han pasado por el proceso del duelo, me entero también de la gran diversidad de comportamientos que pueden emerger durante esta etapa. He leído un breve artículo acerca de un esposo en pleno proceso del duelo que tenía un antiguo mensaje de voz de su esposa en su teléfono y le gustaba volver a oírlo a menudo. Me estremezco al leer eso: no podría soportar el dolor de volver a oír la voz de Marilyn. Me pregunto si hacer eso, precisamente, es lo que ha provocado que este hombre se quedase atrapado en su propia pesadumbre y que eso mismo es lo que le impide comenzar una nueva vida. Pero tal vez esté siendo demasiado duro con ese hombre. Todos lloramos, todos sufrimos, cada uno a su manera.

He leído también un artículo que demuestra que los hombres que acaban de perder a sus esposas tienen una tasa de mortalidad a lo largo de los cuatro años siguientes mucho más alta que la de aquellos hombres que no han enviudado.

El pronóstico es aún peor para los hombres que dependían mucho de su esposa y que estaban muy unidos a ella. Sin embargo, este tema no me inquieta: me extraña la poca preocupación que siento frente a mi propia muerte. En épocas anteriores, con frecuencia (con demasiada frecuencia), experimentaba mucha angustia ante la muerte. Recuerdo en particular las pesadillas sobre la muerte que tenía hace unos años cuando trabajaba en grupos de terapia con pacientes que morían de cáncer. Pero ahora no experimento ni rastro de eso. No me perturba la idea de fallecer, en absoluto.

Capítulo 25

SEXO Y DOLOR

Cuarenta y cinco días después

Parece que han pasado siglos desde que me visitaron esas imágenes de pesadilla de tanques blindados aplastando a los estudiantes en la plaza de Tiananmén, aunque fue poco después de la muerte de Marilyn, mientras esperaba su funeral y su entierro. La persistencia de esas imágenes me hizo comprender de verdad lo que era el pensamiento obsesivo. Después de unos días, los tanques blindados y la plaza de Tiananmén se fueron evaporando. Mi mente está más tranquila, en especial en los momentos de descanso, durante las últimas semanas.

Pero ahora una nueva obsesión ha invadido mis pensamientos: cada vez que me relajo y trato de aclararme la mente, por ejemplo, cuando espero a quedarme dormido después de apagar las luces, me vienen ideas sexuales tentadoras, que involucran a mujeres que he conocido o visto hace poco. Estas imágenes son poderosas y persistentes. Intento bloquearlas, expulsarlas de la conciencia, dirigir mis pensamientos a otra parte. Pero, minutos después, reaparecen y vuelven a reclamar mi atención. Entonces, me siento tan invadido por el deseo como por la vergüenza. Me estremezco ante semejante deslealtad hacia Marilyn, a la que he enterrado hace apenas unas semanas.

Al mirar hacia atrás y repasar estas últimas semanas, también me doy cuenta de un fenómeno curioso (y vergonzoso): ha aumentado mi interés por los senos de las mujeres, especialmente por los pechos grandes. No sé si alguna mujer se ha dado cuenta, pero tengo que recordarme a mí mismo que debo mirar la cara y no los senos de las muchas amigas de Marilyn que me visitan. Me viene a la mente una imagen de los dibujos animados; no tengo idea de dónde la vi por primera vez, tal vez en la adolescencia: veo a una mujer cogiendo a un hombre por la barbilla y levantándole la cabeza hacia su rostro, mientras le dice: «¡Oye, estoy aquí!».

Este renovado interés a veces se acompaña de una escena del pasado —de hace aproximadamente setenta y cinco años— que en los últimos días me ha venido a la cabeza a menudo. En la escena, me veo a mí mismo como un niño de diez u once años, por algún motivo entro en la habitación de mis padres y encuentro a mi madre semidesnuda. En lugar de cubrirse, mi madre se queda allí con los pechos al descubierto y me mira a los ojos con atrevimiento, como diciendo: «¡Mira bien!».

Recuerdo que hace años pasé muchas horas discutiendo este recuerdo con Olive Smith, que fue mi analista durante más de seiscientas sesiones de psicoanálisis. Como es obvio, ahora me siento muy angustiado y esta regresión no es una coincidencia. Soy como un niño que busca lastimosamente el socorro materno. Me vuelve a la mente una frase que he usado en alguna parte, en alguno de mis libros: «Freud no siempre estaba equivocado».

Estas obsesiones sexuales me inquietan, me avergüenzan. No paro de darle vueltas: ¿cómo puedo mancillar tanto mi amor por Marilyn y deshonrarme así a mí mismo? ¿Tan superficial era mi amor? Pero, por otro lado, ¿no me toca ahora seguir con vida, hasta comenzar una nueva vida? Aun así, me da tanta vergüenza estar empañando el recuerdo de Marilyn..., pero tal vez esos pensamientos sexuales sean perfectamente naturales en alguien que ha vivido en pareja toda su vida y que de repente se encuentra soltero.

Decido examinar las publicaciones sobre el proceso del duelo y la sexualidad, pero como sin duda recordará el lector, no estoy muy a la última a la hora de ir a las bibliotecas médicas actuales para emprender un trabajo de investigación. Localizo a una experta en la búsqueda de literatura médica: se trata de la misma persona que nos ayudó hace poco, a mí y a Molyn Leszcz, en la quinta y sexta edición de nuestro libro de texto sobre terapia de grupo. Le encargo la tarea de buscar, dentro de la literatura médica y psicológica, cualquier artículo sobre el proceso del duelo y la sexualidad. Un día después, me envía un correo electrónico y me responde que ha estado buscando durante varias horas, pero no ha encontrado, ejem..., nada... ¡en toda la literatura psicológica y psiquiátrica! Se disculpa y dice que, dado

que no ha podido ayudarme, no me cobrará nada
por el trabajo.

—Tonterías —le contesto, e insisto en pagarle:
su falta de resultados a la hora de encontrar artículos sobre el tema es una información importante
en sí misma.

Después escribo a un ayudante de investigación
en Stanford, muy recomendado por un amigo y colega de confianza, y le pido que también dedique
unas horas a investigar el asunto. Pasa casi lo mismo: no encuentra casi nada en la literatura médica
y psicológica, y otra vez tengo que insistir para que
acepte el dinero por su tiempo.

Sin embargo, transcurridos unos días, ambos
ayudantes de investigación comienzan a enviarme
algunos artículos aparecidos en publicaciones más
populares y que se basan más en la experiencia clínica, por ejemplo un artículo en *Psychology Today*
(noviembre de 2015) titulado «Cinco cosas sobre el
proceso del duelo que nunca te habían contado»
(escrito por Stephanie A. Sarkis, médica clínica). El
quinto ítem del artículo se refiere explícitamente a
la sexualidad durante el duelo:

De hecho, el impulso sexual de la persona que
atraviesa un duelo puede aumentar. Para muchos, el
dolor disminuye el deseo sexual. Para muchos otros,
puede aumentarlo. Eso puede resultar conflictivo,
en especial, para quienes han perdido a su cónyuge
o pareja. Pero cuando las personas están entumeci-
das por el dolor, descubren que el sexo las ayuda a
sentir algo. También es una afirmación de la vida

en un momento en el que afrontar la muerte se ha convertido en parte de la vida cotidiana.

Me siento reflejado en algunas de estas ideas, en especial la afirmación de que cuando uno está entumecido por el dolor, el sexo lo ayuda a sentir algo. «Entumecido» es un término exacto para lo que he estado experimentando: es como si mis propias sensaciones estuvieran teniendo lugar a una gran distancia de mí. Sigo el rumbo de una conversación en la que estoy participando, de una cena que estoy comiendo, o de la televisión que estoy viendo, pero no estoy allí en realidad. En cambio, los pensamientos sexuales los siento como más reales, son los que genera una sensación de afirmación de la vida que me despierta y, a la vez, reactiva mi preocupación por la muerte.

Hablo sobre el tema con varios colegas experimentados en el trabajo con personas que están pasando por el proceso del duelo. Me dicen que sí, que la excitación y la atención sexual en las personas que pasan por el proceso duelo es mucho más frecuente de lo que por lo general se cree. A menudo es un problema que afecta con mayor frecuencia a los hombres, aunque sin lugar a dudas es un problema también para las mujeres. Los psicoanalistas clínicos también coinciden con lo que he constatado: que los pacientes rara vez hablan del aumento de su deseo sexual. Pero, si el terapeuta pregunta de forma explícita sobre cuestiones relacionadas con la sexualidad, una gran cantidad de esos pacientes que están pasando por el proceso del duelo responden afirmativamente. Parece que la mayoría de las personas en pleno proceso de duelo se sienten avergonzadas por ello y se muestran poco inclinadas a sacar el tema de forma espontánea. En consecuencia, muchos de los testimonios personales relativos al proceso del duelo evitan el tema o contienen solo unas pocas referencias indirectas relacionadas con la sexualidad.

Concluyo, con cierto alivio, que mi estado de excitación sexual no es anómalo y, sin duda, el deseo sexual desempeña un papel importante dentro del proceso del duelo. Además, para los ancianos no es fácil hablar abiertamente del deseo sexual. No se sienten cómodos compartiendo sus experiencias sexuales con familiares o amigos. Les da miedo que los demás se sientan incómodos también. Tengo la suerte de tener a mi grupo de terapeutas, con el que llevamos décadas reuniéndonos. Hablar con ellos me ayuda a mitigar ese malestar.

Capítulo 26

IRREALIDAD

Cuarenta y ocho días después

Mi hijo Ben vino de visita con sus tres hijos, de seis, cuatro y dos años. Una noche estaban los tres pegados al televisor, viendo un programa de dibujos animados muy violento, en el que había monstruos, niños pequeños, bestias y fugas milagrosas. Molesto, cambié de canal y di por casualidad con una producción animada del *Cascanueces*. A pesar de los bufidos y las quejas de mis nietos, lo dejé puesto. Y después de unos minutos, *mirabile dictu*, las quejas cesaron y los tres se quedaron enganchados al *Cascanueces* con mucho interés. Me quedé maravillado y me entraron ganas de contárselo a Marilyn; detuve el programa unos segundos para darle al botón de grabar, así Marilyn iba a poder verlo. Volví a darle al botón de reproducir y los niños siguieron mirando el programa con alegría. Un par de minutos después me di cuenta. Estaba atónito. ¿Qué estoy haciendo? ¿Grabando algo para que lo vea Marilyn? ¡Marilyn está muerta, caray! Cosas así me han pasado ya muchas veces.

Hace poco, un amigo me dijo que la Bell's Book-store, en el centro de Palo Alto, tenía varios libros míos y de Marilyn en exhibición, en una mesa junto a la entrada principal. Al día siguiente, me paro frente a la librería con mi iPhone en la mano para sacar una foto y mandársela a Marilyn. Cuando estoy volviendo para casa, la verdad me golpea una vez más: Marilyn está muerta.

Un par de meses antes de la muerte de Marilyn, dimos un paseo por nuestra calle y vimos a un nuevo vecino, un distinguido anciano de pelo blanco cuya discapacidad era notoria, y al que una mujer más joven y de tez morena (su cuidadora, pensamos) ayudaba a bajar la escalera de su casa y subir a un automóvil.

El día después de Navidad, estos nuevos vecinos (a quienes todavía no había conocido) me invitaron a cenar y a cantar villancicos con ellos. Llegué a la casa y fui recibido por el anciano y la cuidadora. Pronto supe que él era un médico jubilado y que la «cuidadora» ya tenía su doctorado en Medicina y otro en Letras. ¡Además, no era su cuidadora, sino su esposa! Era una mujer encantadora y cantó los villancicos con una voz gloriosa. Una vez más, me vino el mismo pensamiento: «¡Espera a que le cuente esto a Marilyn!». Incluso ahora, lamento no poder compartir esa clase de chismorreos con ella.

Anoche me enteré de que justo acaba de empezar la tercera temporada de *The Crown*, la serie de la BBC.

Marilyn y yo habíamos visto la primera y la segunda hace un par de años. Así que me puse a ver la nueva temporada, en la que rápidamente me sumergí. Disfruté mucho de los primeros dos episodios, pero las escenas del tercero me resultaron demasiado familiares. Me fijé bien y descubrí que no había estado viendo la tercera temporada en absoluto, sino episodios de la primera, que ya había visto. Sentí la necesidad de decírselo a Marilyn, y acto seguido volví a la realidad: Marilyn nunca se enterará de esta confusión mía. Mi defectuosa memoria la preocupaba, a veces incluso la irritaba. Pero también podía imaginarme sus risas y sus ojos traviesos al enterarse de que había estado viendo tres horas de una serie antes de darme cuenta de que ya la había visto. Mientras escribo esto siento una opresión en el pecho. Daría cualquier cosa..., cualquier cosa..., por ver esa sonrisa en su rostro.

Recibo una carta de mi agente recordándome que hace algún tiempo que habíamos concedido a un guionista rumano permiso para escribir un guion a partir de mi novela *El problema de Spinoza*. El proyecto ahora se ha transformado en una serie de televisión de diez episodios, con un guion de cuatrocientas páginas que debe dividirse en diez partes. Por enésima vez, mi primer pensamiento es: «Ah, no puedo esperar a contárselo a Marilyn». Segundos después la oscura realidad se abre camino. Me quedo pensando en el tema en soledad, entristecido. Es como si el hecho de que Marilyn estuviera al tanto de cualquier acontecimiento sea necesario para que resulte de veras real.

Durante más de sesenta años me he dedicado a tiempo completo a observar, estudiar y tratar de curar las aflicciones de la mente. Por eso me cuesta tanto tolerar que mi propia mente sea tan irracional. Mis pacientes buscaban mi ayuda para una gran variedad de cuestiones: problemas con las relaciones, una mayor comprensión de sí mismos, sentimientos perturbadores de depresión, manías, ansiedad, soledad, ira, celos, obsesiones, amor no correspondido, pesadillas, fobias, agitación..., toda la gama de las afecciones psicológicas del ser humano. He actuado como guía para ayudarlos a lograr una mayor autocomprensión, para aclarar sus miedos y sus sueños, sus relaciones pasadas y presentes con los demás, su incapacidad para amar y su ira. Detrás de todo este esfuerzo, subyace la creencia de que somos capaces de pensar de forma racional y de que la comprensión de una circunstancia dada, en última instancia, trae alivio.

Por eso mis arranques repentinos de irracionalidad son tan perturbadores. Darme cuenta de que una parte de mi mente continúa creyendo obstinadamente que Marilyn sigue viva es asombroso e inquietante. Siempre me he burlado del pensamiento irracional, de todas las nociones místicas sobre el cielo, el infierno y lo que sucede después de la muerte. Mi libro de texto de terapia de grupo presenta un enfoque racional basado en mi descripción de doce factores terapéuticos. *El don de la terapia*, mi texto sobre terapia individual, contiene ochenta y cinco consejos para los terapeutas, claramente articulados. Mi libro de texto de terapia existencial está estructurado en torno a cuatro factores existenciales principales: la muerte, la libertad, el aislamiento y el significado de la vida. La racionalidad y la claridad son las principales razones por las que mis libros se usan en tantas aulas universitarias en todo el mundo. ¡Y sin embargo aquí estoy, pasando por tantos momentos irracionales!

Le cuento mi malestar por estos pensamientos irracionales a un exalumno, ahora profesor de psiquiatría y neurobiólogo, que me responde que ya no se cree que la memoria sea un fenómeno unitario; más bien, la memoria se compone de distintos sistemas que pueden funcionar de forma independiente, tener diferentes *loci* neuroanatómicos e, incluso, operar en desacuerdo entre sí. Me describe la dicotomía entre la memoria «explícita» (o «declarativa») y la «implícita» (o «procedimental»).

La *memoria explícita* es consciente y depende de las estructuras del lóbulo temporal medial, así como de la corteza cerebral. Implica la formación y recuperación consciente de recuerdos de eventos que han ocurrido (por ejemplo, «sé conscientemente que Marilyn ha fallecido»). La *memoria implícita* es, en gran parte, inconsciente, y a menudo es la que subyace a las habilidades, las destrezas, los hábitos y otros comportamientos automáticos. Se procesa en diferentes partes del cerebro: los ganglios basales para las habilidades y las destrezas; la amígdala para las respuestas emocionales. De modo que mi reciente y doloroso recuerdo de la memoria explícita de que Marilyn ha muerto está anatómicamente separado de mi muy desarrollado impulso procedimental, implícito y emocional de «contárselo a Marilyn» cuando ocurre algo como ver nuestros libros en el expositor de la librería.

Estos dos tipos de memoria pueden funcionar de forma independiente, casi ignorándose uno al otro, o bien pueden entrar en conflicto. Según mi colega, esto apunta a los aspectos normales del comportamiento y la memoria humanos, de los que todos dependemos, y no implica que mi comportamiento sea irracional. En verdad lo extraño, después de sesenta y cinco años de matrimonio, sería que no tuviera el impulso de contarle a mi mujer que he visto nuestros libros exhibidos en una librería, incluso si sé que ella ya no está aquí.

No todo el mundo está siempre orgulloso de su esposa o esposo. Pero sí ha sido mi caso, y con creces. No importa el contexto, siempre estuve orgulloso de ella. Estoy muy orgulloso de haber sido su esposo. La elegancia y la sabiduría de Marilyn siempre me han parecido un hecho indudable. Recuerdo lo maravillosa que era cuando se dirigía a una gran multitud en un auditorio, o cuando les hablaba a las participantes de un taller en nuestra sala de estar. Ella destacaba sin importar el contexto, sin importar la competencia.

Fue una muy buena madre, que amaba a sus cuatro hijos, y siempre siempre fue dulce y generosa con ellos.

No recuerdo que haya tenido jamás un mal gesto con los chicos ni, para el caso, con ninguna otra persona. ¿Alguna vez me sentí aburrido o insatisfecho en nuestra relación? ¡Nunca! Lo di todo por sentado y nunca hasta ahora, cuando Marilyn ha muerto, he sido tan profundamente consciente de la suerte que tuve por haber pasado mi vida con ella.

Han transcurrido semanas desde su muerte y la sigo echando muchísimo de menos. Sigo recordándome a mí mismo que la recuperación es lenta, que cada paciente que he visto que estaba pasando por el proceso del duelo ha tenido que sufrir varios meses de infelicidad. Pero nunca me he encontrado con un hombre y una esposa que hubieran estado juntos desde una edad tan temprana y que estuvieran tan unidos como nosotros.

Empiezo a preocuparme por el pronóstico de mi enfermedad.

Capítulo 27

ATURDIMIENTO

Cincuenta días después

El estado de aturdimiento continúa. De nuevo, mis hijos vienen a visitarme. Paseamos por el vecindario, cocinamos juntos, jugamos al ajedrez y vemos películas en la tele. Sin embargo, sigo sintiéndome aturdido. Cuando jugamos al ajedrez, no me concentro. Ganar o perder ha dejado de tener importancia.

Ayer por la noche fui con mi hijo Reid a una partida de póquer que organizaron unos vecinos. Era la primera vez que jugaba con uno de mis hijos a un juego de adultos. Siempre me ha gustado el póquer, pero anoche no pude evitar sentirme aturdido. Parezco deprimido, lo sé, pero aun así me alegró ver la felicidad de Reid al ganar treinta dólares. Mientras caminábamos de vuelta a casa, me imaginé lo bonito que habría sido llegar a casa, que me recibiera Marilyn y contarle sobre la noche ganadora que había tenido nuestro hijo.

La noche siguiente, hago un experimento y pongo el retrato de Marilyn a plena vista en la sala de estar mientras mi hijo, su esposa y yo vemos una película en la tele. Pasados unos minutos, siento tanta opresión en el pecho que una vez más tengo que quitarlo de ahí.

El aturdimiento persiste a medida que avanza la película. Después de una media hora, me doy cuenta de que Marilyn y yo habíamos visto esa película unos meses antes. Pierdo el interés en volver a verla, pero al recordar que Marilyn la había disfrutado mucho, rindo tributo a la extraña idea de que le debo a ella ver la película completa.

Noto que el aturdimiento desaparece durante las primeras horas del día, cuando estoy inmerso en la escritura de este libro, y, también, cuando trabajo como terapeuta. Hoy una mujer de veintitantos entra en mi consultorio para una sesión. Enseguida me explica el dilema que la está afectando:

—Estoy enamorada de dos hombres, mi marido y otro hombre con el que he estado manteniendo una relación durante el último año. No sé cuál de ellos es mi verdadero amor. Cuando estoy con uno de ellos, siento que ese es mi verdadero amor. Y luego, al día siguiente, siento lo mismo por el otro. Es como si necesitara que alguien me dijera cuál de los dos es el verdadero amor.

Habla del tema en profundidad. A mitad de la consulta, mira la hora y comenta que ha visto el obituario de mi esposa. Me agradece que haya estado dispuesto a verla en esta época tan difícil para mí.

—No quisiera sobrecargarle con mis problemas cuando está usted sufriendo por una pérdida tan grande.

—Gracias por sus palabras —le respondo—, pero ya ha pasado un tiempo y me parece que dedicarme a ayudar a los demás también me ayuda a mí mismo. Y hay momentos en los que mi propio dolor es lo que me permite ayudar a la gente.

—¿Cómo es eso? ¿Está pensando en algo que pudiera ayudarme?

—No lo tengo claro... Déjeme pensar un minuto. Veamos... Sé que involucrarme en su vida en esta sesión me distrae temporalmente de la mía. También estoy pensando en lo que me decía antes de que no conoce su yo real y que por eso no puede saber cuál de estos dos hombres es su verdadero amor, aquel al que quiere de verdad. Sigo pensando en su uso del concepto de «verdadero». Perdone si parece que me estoy yendo por las ramas, pero voy a dejarme guiar por mi instinto y a decirle lo que esta conversación me está dando que pensar.

»Durante casi toda mi vida, he sentido que un hecho cualquiera se convertía en "verdadero" para mí solo después de habérselo contado a mi esposa. Pero ahora, semanas después de su muerte, me sucede una cosa muy extraña: cuando pasa algo tengo la sensación de que debo contárselo a mi esposa. Es como si las cosas no fueran "verdaderas" hasta que ella se hubiera enterado. Por supuesto que eso es algo completamente irracional, porque mi esposa ya no existe. No sé cómo decirlo en palabras que resulten útiles para usted, pero voy a intentarlo: es responsabilidad mía, y solo mía, determinar qué es la realidad. Dígame, ¿entiende lo que quiero decirle?

Parece reflexionar durante unos instantes y luego mira hacia arriba y contesta:

—Sí, claro que lo entiendo. Tiene razón si lo que quiere decirme es que no confío en mi sentido de la realidad y que quiero que los otros, tal vez uno de esos dos hombres, o tal vez usted, me diga qué es la realidad. Mi marido es débil y siempre cede a mis opiniones, a mi sentido de la realidad. Mientras que el otro hombre es más fuerte, tiene mucho éxito en los negocios, es muy seguro de sí mismo, y yo me siento más segura y protegida con él porque puedo confiar en su sentido de la realidad. Sin embargo, también sé que este hombre ha sido alcohólico durante mucho tiempo, que ahora está en Alcohólicos Anónimos y que lleva sobrio tan solo unas pocas semanas. Creo que la verdad es que no debo confiar en ninguno de los dos para que definan la realidad por mí. Sus palabras me hacen darme cuenta de que me toca a mí definir la realidad, ese es mi trabajo y mi responsabilidad.

Hacia el final de nuestra sesión, le comento que no me parece que esté lista para tomar una decisión todavía y que debería abordar esto en profundidad a lo largo de una terapia continuada. Le doy los nombres de dos excelentes terapeutas y le pido que me envíe un correo electrónico dentro de unas semanas para informarme de cómo le va. Está muy conmovida; me dice que la sesión ha sido tan importante para ella que no quiere irse.

Capítulo 28

CON LA AYUDA DE SCHOPENHAUER

Sesenta días después

Soy consciente de la época larga y oscura que tengo por delante. En mis muchos años de trabajo de terapia individual y grupal con personas que estaban pasando por el proceso del duelo, he aprendido que es necesario que el paciente pase por todas las fechas señaladas del año sin su cónyuge: los cumpleaños, las Navidades, las Pascuas, alguna primera salida social como hombre o mujer sin pareja, todo eso antes de que tenga lugar una mejora sustancial. Para algunos pacientes, es necesario incluso un segundo año, un segundo ciclo. Cuando examino mi situación, especialmente por la duración y la intensidad de mi vínculo con Marilyn, sé que estoy enfrentándome al año más oscuro y difícil de mi vida.

Los días transcurren con lentitud. Aunque mis hijos y muchos amigos y colegas hacen un esfuerzo por mantenerse en contacto conmigo, la frecuencia de sus visitas ha disminuido, y yo no me siento con ganas ni con energía para acercarme a los demás. Todos los días, después de revisar el correo electrónico, paso la mayor parte del tiempo trabajando en este libro y, a menudo, me da miedo terminarlo porque no se me ocurre nada que ocupe el lugar de este trabajo que me distrae y entretiene. Cada tanto ceno con un amigo o con alguno de mis hijos, pero cada vez son más las comidas y las noches que paso solo. Sin falta, termino el día leyendo una novela. Recientemente, comencé a leer *La decisión de Sophie* de William Styron, pero después de un par de horas me doy cuenta de que los últimos capítulos del libro están ambientados en Auschwitz. Leer sobre el Holocausto justo antes de irme a dormir es lo último que quiero hacer.

Dejo a un lado *La decisión de Sophie* y, mientras busco otra novela, decido que quizá es hora de releer algunos de mis propios libros. Examino la estantería donde Marilyn había colocado cuidadosamente todos los libros que he escrito a lo largo de mi vida. Saco mis cuatro novelas, *El día que Nietzsche lloró*, *La cura Schopenhauer*, *Desde el diván* y *El problema de Spinoza*, y me pongo a hojearlos.

¡Oh, qué placer ha sido escribir estos libros! ¡El punto más alto de mi carrera! Intento recordar cómo y dónde fueron concebidos y escritos cada uno de ellos. El primer recuerdo que me viene a la mente es el de Silhouette, una isla pequeña y encantadora de las Seychelles, donde redacté los primeros capítulos de *El día que Nietzsche lloró*. Después recuerdo que, tras dar una conferencia sobre terapia de grupo en Ámsterdam, hice un largo viaje por los Países Bajos con Marilyn. Tras visitar la biblioteca de Spinoza en Rijnsburg, estábamos volviendo a Ámsterdam cuando toda la trama de *El problema de Spinoza* surgió en mi mente.

Rememoro nuestra visita al lugar de nacimiento de Schopenhauer, y su tumba y su estatua en Fráncfort, pero me doy cuenta de que me acuerdo relativamente poco de *La cura Schopenhauer*, mucho menos que de las otras novelas que he escrito. Decido releerla. Es la primera vez que me pongo a releer una de mis novelas.

Empiezo a leer y experimento sensaciones que son fuertes y, en su mayor parte, positivas. La novela transcurre en un grupo de terapia, y lo que realmente me llama la atención es el personaje principal, Julius, de sesenta y seis años. Es el terapeuta del grupo, se lo describe como un anciano que, al enterarse de que tiene un melanoma fatal, se pone a repasar su vida. (Da que pensar: aquí estoy, a la edad de ochenta y ocho años, leyendo lo que he escrito sobre un anciano de sesenta y seis que se enfrenta a la muerte.)

El libro tiene un enfoque doble: en capítulos alternos, cuento la historia de un grupo de terapia y la historia de la vida de Schopenhauer, que era un hombre sabio pero al mismo tiempo muy atormentado. Describo un grupo de terapia contemporáneo en el que uno de los miembros, Philip, es un filósofo que no solo enseña las ideas de Schopenhauer, sino que además se parece mucho a él en su misantropía. Por lo tanto, el libro no solo le cuenta al lector la vida y la obra de Schopenhauer, sino que también se pregunta si a Schopenhauer, que era famoso por su escepticismo y su pesimismo, podría haberle ido bien con un grupo de terapia como los de hoy.

Leer *La cura Schopenhauer* me resulta una terapia muy poderosa. Página tras página, me siento más tranquilo y contento con mi vida. En mi opinión, las oraciones están bien redactadas, la elección de palabras es buena, y creo que logré captar la atención del lector. ¿Cómo fui capaz de hacerlo? El tipo que escribió este libro es muchísimo más inteligente que yo y sabe mucho más sobre filosofía y psicoterapia que yo. Algunas frases me dejan sin aliento. ¿Las he escrito yo? Claro que, a medida que sigo leyendo, surgen algunas críticas: por ejemplo, ¿por qué cité tantas de las diatribas antirreligiosas de Schopenhauer en los primeros capítulos? ¿Por qué tantas molestias para ofender a los lectores creyentes?

Me sorprende darme cuenta de cuánto de esta novela describe lo que ha sido mi propia vida. Le di a Julius, el terapeuta del grupo, muchos de mis propios atributos, así como mi propio pasado. Él, al igual que yo, había tenido dificultades con las relaciones personales al principio de su vida. Además, le encantaban los juegos de apuestas y, como yo, en la secundaria había organizado un sistema de apuestas basado en los resultados del béisbol. Incluso le gustaban los mismos jugadores de béisbol que a mí: Joe DiMaggio y Mickey Mantle. En una de las mujeres del grupo de terapia de la novela, vertí mi experiencia con Goenka, una eminente profesora de meditación vipassana, a la que conocí en un retiro de diez días en Igatpuri, India. Esa parte de la novela es toda autobiográfica y describe con fidelidad un viaje a la

India que me dejó una profunda impresión. No puedo pensar en ninguna otra experiencia que permanezca en mi memoria con tanta claridad.

Me dosifico la relectura de la novela, permitiéndome un solo capítulo cada noche, justo antes de apagar la luz. Cada noche, ahora, espero con ansias ese momento de la lectura. Mi memoria envejecida es, por primera vez, una ventaja: recuerdo tan poco del libro que lo que pasa en cada capítulo me sorprende y entretiene. Me parece que la novela es una buena guía de enseñanza que demuestra cómo reconocer, esclarecer y solventar los problemas interpersonales de los miembros del grupo. Si no me equivoco, este no era uno de los libros que más le gustaban a Marilyn, debido a su gran énfasis en la enseñanza de la terapia de grupo. También me acuerdo ahora de que Molyn Leszcz, mi buen amigo y coautor de la quinta y sexta edición de mi libro de texto de terapia de grupo, hizo de director en una dramatización improvisada de este grupo en particular, con mi hijo Ben y otros miembros de su grupo de actores, frente al considerable público que asistió a la conferencia anual de la Asociación Estadounidense de Terapia de Grupo. ¡Qué maravillosa aventura fue aquella!

Mientras sigo con mi lectura nocturna, me sorprende leer, en las páginas 296-297, esta confesión de Julius a los miembros de su grupo de terapia:

> Me casé con Miriam, mi novia desde la escuela secundaria, cuando estaba estudiando Medicina.

Ella murió hace diez años en un accidente de coche en México, y yo quedé destrozado. A decir verdad, no sé si nunca me recuperé del horror. Sin embargo, para mi propia sorpresa, el dolor se manifestó con rasgos inesperados, pues mi energía sexual aumentó notablemente. En ese momento no sabía que es una reacción habitual ante la confrontación con la muerte. Desde entonces he visto a muchas personas cuyos impulsos sexuales se exacerbaban con el dolor. Hablé incluso con algunos hombres con las coronarias destruidas, y ellos me contaban que manoseaban a las enfermeras que los acompañaban en la ambulancia rumbo a una sala de guardia.[1]

Esta «energía sexual» que «aumentó notablemente» después de la muerte ficticia de Miriam y la observación de «muchas personas cuyos impulsos sexuales se exacerbaban con el dolor», en mi propio libro escrito hace casi veinte años, predicen las mismas cosas que he estado experimentando después de la muerte de Marilyn, las mismas cosas que mis ayudantes y yo encontramos, tras considerables dificultades, en la literatura psicoterapéutica. Pero este libro, escrito en el momento en que dirigía grupos de terapia de cónyuges que estaban pasando por el proceso del duelo, se había desvanecido de mi memoria cuando llegó el momento de lidiar con mi propio dolor y los consiguientes anhelos sexuales intensificados.

1. Irvin D. Yalom, *La cura Schopenhauer*. Traducción de Raquel Albornoz y Elena Marengo, Barcelona, Ediciones Destino, 2017.

Con la lectura de cada noche, me doy cuenta más que nunca de que no solo había escrito una historia fascinante, que ahora me es de considerable ayuda, sino que también había escrito una de mis mejores guías de enseñanza para terapeutas de grupo. Tenía la intención de que este libro fuera una novela didáctica, tanto para el estudiante que se inicia en la filosofía como para el estudiante de terapia de grupo. Me inventé un paciente problemático, Philip, a partir de Schopenhauer. Philip, un profesor de filosofía especializado en el trabajo de Schopenhauer, había decidido cambiar de campo y convertirse en consultor filosófico, y su programa de formación requería que participara como paciente en un grupo de terapia. Exactamente como el Schopenhauer de la vida real, Philip era un individuo esquizoide, distante y aislado, que tenía enormes dificultades tanto para estar en contacto con sus sentimientos como para relacionarse con los demás. Cada vez que se le preguntaba a Philip sobre sus sentimientos, él negaba tenerlos. Julius, el líder del grupo, lidiaba con él con muchísima habilidad, usando una de mis tácticas favoritas para ayudar en el trabajo con estos pacientes. Así que Julius le preguntaba a Philip:

—Si tuvieras sentimientos sobre lo que acaba de pasar, ¿cuáles habrían sido?

La novela sigue teniendo lectores y ha sido traducida a treinta idiomas. Intento recordar en qué parte del mundo estaba cuando la escribí. Si Marilyn estuviera viva, me lo diría al momento.

Capítulo 29

LA NEGACIÓN, AL DESCUBIERTO

Sesenta y tres días después

Han pasado nueve semanas desde que Marilyn murió, y he progresado poco a la hora de superar mi dolor. Si me tuviera a mí mismo como paciente, diría que Irv Yalom tiene una depresión considerable. Se lo ve actuar con lentitud, se siente aturdido, pasa la mayor parte del tiempo hundido en la desesperación, ha perdido peso, experimenta poco placer en la vida, se siente incómodo cuando está solo y, en general, ha progresado poco en la tarea de aceptar la muerte de su esposa. Dice que sabe que le espera al menos un año sintiéndose fatal. Se siente muy solo. Reconoce que mantener contacto con la gente es esencial para él, pero muestra poca iniciativa a la hora de buscar la compañía de los demás. Disfruta poco de las cosas y no tiene muchas ganas de seguir viviendo. Tiene poco apetito, come comida congelada y, en general, le resulta indiferente la comida. Siempre le ha gustado ver el tenis, pero en los últimos tiempos solo ha visto un par de partidos del Grand Slam de Australia, y tan pronto como perdió su favorito, Roger Federer, dejó de seguir el torneo. No conoce a casi ninguno de los jugadores más jóvenes ni demuestra interés en conocerlos.

Así que esta es la observación objetiva que puedo hacer de mí mismo. Sí, estoy considerablemente deprimido, pero creo que no de una forma peligrosa. Creo que me curaré con el tiempo. He acompañado a muchas viudas y viudos a través de estas etapas de desesperación y tengo una idea de lo que me espera. No corro el riesgo de suicidarme, aunque no le tengo demasiado miedo a la muerte tampoco. Lo más probable es que muera de un infarto repentino y letal, y debo confesar que, en el momento de escribir este capítulo, una parte de mí lo agradecería.

Actualmente estoy leyendo un libro muy interesante de memorias de un esposo que atraviesa por el proceso del duelo, *The Widower's Notebook*, de Jonathan Santlofer. Encuentro muchos puntos en común entre su experiencia y la mía. Cuenta que, varias semanas después de la muerte de su esposa (más o menos donde estoy yo ahora), tiene su primera salida social, y se inquieta porque muchas mujeres flirtean con él. Se da cuenta de su buena suerte: los viudos deseables son escasos y, en cambio, siempre abundan las viudas. Pero está confundido: ¿debería responder a las invitaciones sexuales de las mujeres? ¿No sería traicionar a su difunta esposa? Me identifico con su dilema y repaso mentalmente la lista de todas las mujeres que han contactado conmigo en las semanas posteriores a la muerte de Marilyn.

Marsha, una académica francesa de sesenta y tantos años, vieja amiga de Marilyn, me invitó a cenar. Nos encontramos en un restaurante cercano. Marilyn y yo habíamos tratado a menudo con ella y su esposo, y me sorprendió (y hasta me gustó un poco) verla llegar sola al restaurante. Me enteré de que su marido estaba de viaje en la Costa Este. La conversación durante la cena discurrió por los senderos de la intimidad: me contó muchas cosas de sí misma de las que nunca había tenido idea.

Marsha siempre me había parecido encantadora y admirable, una mujer inteligente y muy hermosa. Y durante nuestra cena, me encontré admirándola más que nunca y me sentí un poco —bueno, más que un poco— entusiasmado por las muchas veces que me tocó las manos. Había ido en Uber al restaurante porque ya no conduzco de noche, y ella insistió en llevarme a casa a pesar de que ella tenía que ir en la dirección contraria. Durante el viaje a casa me sentí excitado y luché contra el impulso de invitarla a pasar a tomar algo... y... y... ¿y quién sabe qué más? Pero gracias a Dios, después de un animado debate interno, rechacé la idea.

Más tarde, mientras yacía en la cama esperando a quedarme dormido y repasando la experiencia de esa noche, una percepción importante se adueñó de mí: «Te identificas fácilmente con la primera incursión del viudo Jonathan Santlofer en el mundo de los solteros, pero, recuerda, él tiene sesenta y tantos años... Ten en cuenta que tú tienes ochenta y ocho. Ninguna mujer, en especial una mujer felizmente casada y veinticinco años más joven que tú, como Marsha, se acercará a ti ni a ningún hombre que tenga una esperanza de vida tan corta. ¡Desde el principio de los tiempos, nunca, nunca un hombre de casi noventa años ha excitado a una mujer!».

Las mujeres, como es obvio, deben de darse cuenta de que me queda una corta vida por delante. A los ochenta y ocho años, ¿cuánto tiempo me queda? Quizá un año, o dos o tres. Ochenta y ocho, para los miembros de mi familia, es una edad extremadamente avanzada. Mi madre murió a los noventa, pero aparte de ella soy de lejos el Yalom más longevo. Casi todos mis antepasados varones del lado de mi padre murieron jóvenes. Mi padre casi muere de una enfermedad coronaria grave a los cincuenta años, pero sobrevivió hasta los sesenta y nueve. Sus dos hermanos murieron rondando los cincuenta. Mi equilibrio es inestable. Camino con un bastón y llevo implantado un marcapasos metálico que le indica a mi corazón cuándo debe latir. ¿Y se me ocurre pensar que mujeres veinte o quince años más jóvenes que yo se me van a tirar encima?

¡Pura ilusión! Eso se llama negación. Me asombra mi ingenuidad. Y, por supuesto, la fuerza que impulsa la negación es la angustia ante la muerte, algo sobre lo que he estado escribiendo durante tantos años.

Capítulo 30

SALIR A LA VIDA

Ochenta y ocho días después

¡Grandes cambios esta semana! ¡Tengo cosas que hacer cada día de la semana! No es que haya empezado a hacer cosas nuevas, sino que más bien he aceptado todas las invitaciones que he recibido. Creo que la mejoría se confirmará cuando sea yo mismo quien empiece a hacer planes por mi cuenta.

El lunes empieza con una invitación por correo electrónico:

> ¡Hola!
> Estás invitado al almuerzo para mayores de la Asociación Barron Park, el 11 de febrero a las 13 h.
> ¿DÓNDE? En Corner Bakery Café, El Camino Real 3375, Palo Alto
> Pide en el mostrador y solicita el 10% de descuento para mayores.

He vivido en este barrio casi sesenta años y nunca he recibido una invitación como esta, así que supongo que será una reunión de viudas y viudos. A través de algún mecanismo desconocido, he sido incluido en esta lista. Por lo general, soy demasiado tímido como para asistir solo a esta clase de eventos, pero ahora estoy oficialmente solo..., así que... ¿por qué no? Quizá sea interesante. ¡Un almuerzo para mayores! No hay duda de que soy mayor, eso al menos. A los ochenta y ocho, es probable que sea la persona de mayor edad. (No puedo concebir que alguien, digamos, de noventa años asista a un evento de este tipo por su cuenta.)

Me asombra un poco mi decisión de asistir. Tal vez pueda pasar algo sobre lo que valga la pena escribir en este libro. Y es muy posible que, al menos, el almuerzo sea mejor que la comida congelada del supermercado que como todos los días.

El Corner Bakery Café está a solo unas manzanas de mi casa. Hay unas veinte personas: quince mujeres y cinco hombres. Todo el mundo es amable y me recibe con tanta calidez que empiezo a sentirme cómodo en apenas unos minutos, antes de lo que esperaba. Hay buen rollo vecinal, la conversación es interesante y la comida es buena.

Me alegro de haber ido. Lo más probable es que asista al encuentro del próximo mes. Supongo que reconoceré a algunos de los asistentes en mis caminatas diarias por el parque que queda a una manzana de mi casa. Parece un primer paso hacia mi nuevo mundo.

El martes me reúno con mi grupo habitual de amigos, y después Randy, uno de los miembros del grupo y muy buen amigo mío, me lleva a la Stan-

ford Book Store a una conferencia de Arthur Kleinman, eminente psiquiatra y antropólogo de Harvard, sobre su nuevo libro, *The Soul of Care*. Kleinman
habla del «cuidado» (o mejor dicho de la falta de
cuidado en la medicina contemporánea). En su libro, relata los ocho años que estuvo cuidando a su
esposa, que padecía una demencia poco común y,
en última instancia, fatal. Me encanta la charla que
da, tanto como sus respuestas, elegantes y pondera-
das, a las preguntas que le formulan después.

Compro su libro y me uno a la fila para que me
lo firme. Cuando llega mi turno, me pregunta mi
nombre. Al responderle, me mira a los ojos un rato
largo, y escribe estas líneas: «A Irv, gracias por ser
un modelo en el cuidado. Arthur Kleinman».

La dedicatoria me conmueve y me llena de or-
gullo. No conocía a Kleinman en persona, al menos, no lo recordaba. Mencionó que había sido
estudiante de la Escuela de Medicina de Stanford
desde 1962 hasta 1966. Quizá estuvo en alguna de
las clases que impartí. En esos años, recuerdo que
dirigí muchos grupos de ocho sesiones para estudiantes de Medicina. Tal vez le envíe un correo electrónico y se lo pregunte.

El miércoles almuerzo con mi colega y buen
amigo David Spiegel en el club de profesores de
Stanford. Hacía por lo menos un año que no había
pasado por allí, más o menos lo que duró la enfermedad de Marilyn, y había olvidado lo agradable
que es el ambiente. Hace cuarenta y cinco años, oí
hablar a David en una conferencia de psiquiatría y
me impresionó tanto su mente aguda y el alcance

de sus conocimientos que facilité su nombramiento como profesor de Psiquiatría en Stanford. Hemos sido amigos íntimos durante años.

El jueves almuerzo de nuevo en el club de profesores con Daniel Mason, un joven miembro de nuestra facultad de Psiquiatría y también un magnífico novelista. Por error, llego una hora antes y voy caminando hasta la Stanford Book Store, que queda a unos minutos de distancia. Experimento un gran placer al hojear los libros nuevos. Me siento como Rip van Winkle en el cuento de Washington Irving, cuando se despierta. Esa noche una vieja amiga nuestra, Mary Felstiner, viene a cenar a mi casa y vemos el partido de baloncesto de los Golden State Warriors.

El viernes almuerzo con otro amigo.

El sábado tengo mi primera hora de gimnasia con un entrenador en el gimnasio de Stanford. Mi hija Eve pasa la noche en casa.

El domingo, mi hijo Reid viene a verme y jugamos varias partidas de ajedrez.

Esta es, con mucho, la semana más activa que he tenido desde el funeral, y soy consciente de que he estado pensando menos en Marilyn. Mientras escribo estas palabras, me doy cuenta de que no he mirado su retrato en los últimos días, y dejo de escribir inmediatamente. Camino desde mi consultorio hasta mi casa para verlo. Está en el suelo, en la sala de estar, todavía vuelto hacia la pared. Lo recojo y le doy la vuelta. Me asombra su belleza. Me imagino que podría entrar en una habitación llena con mil mujeres y no vería a nadie más que a ella. Así que

quizá esta semana haya ocurrido el milagro. Me he atormentado menos. He pensado en Marilyn con menos frecuencia. Pero lo más importante es que estoy dejando de creer que ella sabrá que estoy pensando en ella con menor frecuencia.

Releo algunas notas que escribí unos veinte días después de la muerte de Marilyn:

> El viernes, la trabajadora social del centro de cuidados paliativos que trabaja con personas que están pasando por el proceso del duelo va a venir a verme. ¿Existen rituales que podrían ayudarme? Por ejemplo, el libro de Joan Didion *El año del pensamiento mágico* habla del ritual de donar la ropa del difunto. No he hecho nada de eso. He dejado que mi hija y mis nueras se encargaran de todo eso, y ni siquiera sé qué han hecho. Me desentendí del tema. Quizá debería haber participado más en el proceso de donar y regalar la ropa, los libros y las joyas de Marilyn, en lugar de evitar todo lo que tuviera que ver con su muerte. Una y otra vez, voy a la sala de estar y miro su retrato durante mucho tiempo. Es inevitable, se me llenan los ojos de lágrimas y estas se me desparraman por las mejillas. Tengo una sensación punzante en el pecho. No he conseguido nada todavía. Me estoy ahogando en el mismo torrente de dolor. ¿Por qué debería seguir atormentándome? Lo más extraño es la irrealidad de todo lo que ha pasado. Marilyn sigue rondándome la cabeza. No logro entender del todo que está realmente muerta. Que ya no existe. Estas palabras continúan asombrándome.

Leyendo esto ahora, ochenta y ocho días después de la muerte de Marilyn, miro su foto y de nuevo me siento abrumado por su belleza. Quiero abrazarla, hacer que su cabeza repose sobre mi pecho, besarla. Pero hay menos lágrimas ahora, y no siento que ver su foto sea ya una herida lacerante, no me siento arrastrado por un torrente de dolor. Sí, sé que nunca más volveré a verla. Sí, sé que la muerte me espera, que la muerte espera a toda criatura viviente. Sin embargo, mi propia muerte ni siquiera se me ha pasado por la cabeza desde que Marilyn murió. Una nueva y relativa valentía acompaña a estos pensamientos: no me siento abrumado por el miedo. Así es la vida, así es la conciencia humana. Estoy agradecido por lo que he tenido.

Capítulo 31

INDECISIÓN

Noventa días después

La indecisión es algo que tengo en común con otros viudos. Evito tomar decisiones a toda costa. He vivido en Palo Alto durante casi sesenta años. Durante los últimos treinta, también he tenido un pequeño apartamento en San Francisco, en el que pasaba varios días a la semana. Veía pacientes allí los jueves y viernes. Marilyn venía el viernes por la tarde y pasábamos el fin de semana juntos allí. Pero desde que ella cayó enferma, dejamos de hacer el viaje de una hora hasta San Francisco, y mi apartamento ha estado vacío salvo por el uso ocasional que pueda haber hecho de él alguno de mis hijos.

¿Debo quedarme con el apartamento de San Francisco? Es una pregunta que me viene a la mente a menudo. Ya han pasado tres meses desde la muerte de Marilyn y no me he movido de Palo Alto. Me niego a ir a San Francisco (o para el caso, a cualquier parte). Es como si el viaje fuera demasiado largo. Ya no me siento seguro conduciendo por autopista, aunque podría llegar fácilmente con

Lyft, Uber, o en tren. El apartamento está en la cima
de una colina muy alta y dudo que mi frágil sentido del equilibrio me permita subir y bajar por ahí.
Intento imaginarme cómo me sentiría yendo a San
Francisco si no tuviera problemas de equilibrio, y
tengo el presentimiento de que, si no me costara
caminar, seguiría posponiendo las cosas. Es algo
tan poco característico en mí que apenas me reconozco. Yo solía ser una persona animada y dispuesta para cualquier plan.

Me preocupan los altos impuestos que estoy pagando por ese apartamento. Pero también me digo
que esos gastos a lo mejor se compensan por el aumento del valor del apartamento. Como me pasa
con casi todo, me desentiendo de ello: evito casi todas las decisiones.

Lo mismo sucede con los automóviles. Tengo
dos en el garaje, ambos de hace cinco años: el Ja-
guar de mi esposa y mi Lexus convertible. Sé que es
una tontería pagar impuestos y seguros por dos coches que rara vez se usan. Ya no me siento seguro
conduciendo de noche y ahora solo conduzco durante el día para moverme por el vecindario para
visitar a amigos o ir de compras. Quizá debería vender ambos coches y comprar uno nuevo con más
características de seguridad, como un monitor de
punto ciego que podría haber evitado un accidente
grave hace tres años. Almorcé el otro día con dos de
mis viejos compañeros de póquer. Hemos jugado
juntos durante unos treinta años. Uno de ellos es
dueño de una docena de concesionarios de automóviles. Le pedí que examinara mis coches, que me

hiciera una oferta y me recomendara un coche nuevo. Espero que sea él quien decida por mí.

No he ido a ver ninguna obra de teatro, concierto, película o ninguna otra cosa, aparte de la presentación en la librería de Stanford, desde que Marilyn cayó enferma hace un año. Siempre me ha gustado ir al teatro. Hace poco, me hablaron de una obra interesante en un teatro de una localidad cercana. Me obligué a invitar a mi hija a ir a verla juntos. Pero cuando dejé de postergar el plan y por fin la llamé, la obra ya no estaba en cartel. Me sobran los ejemplos de esta clase de procrastinación.

Recibo un correo electrónico anunciando los cursos de formación continua de Stanford. Hay dos que me interesan mucho: «El sentido de la vida: Kierkegaard, Nietzsche y más» y «Maestros de la literatura estadounidense». Este último lo imparte un amigo, Michael Krasny. Ambos suenan de maravilla. Me pregunto cómo puedo llegar allí de noche. ¿Qué pasa si están en edificios inaccesibles en coche o que requieren una larga caminata nocturna, cosa imposible para mí? Me prometo a mí mismo averiguarlo. Pero es muy probable que posponga las cosas y no asista a ninguno de los dos.

Es como si estuviera esperando a que alguien viniera a rescatarme. Me siento como un niño indefenso. Quizá estoy incurriendo en alguna forma de pensamiento mágico, que mi impotencia de alguna manera provocará el regreso de Marilyn. No soy un suicida en absoluto, pero creo que entiendo la mentalidad de un individuo suicida mucho mejor que antes.

De repente me imagino a un anciano, solo, solo mirando una hermosa y radiante puesta del sol. Está absorto, se siente completamente transportado por la belleza que lo rodea. ¡Oh, cómo lo envidio! Me gustaría ser ese hombre.

Capítulo 32

SOBRE LEER MI PROPIA OBRA

Noventa y cinco días después

Empiezo a sentirme mal una vez más, y puesto que leer *La cura Schopenhauer* me ha sido tan útil, decido leer otro de mis libros. Reviso la biblioteca y, curiosamente, el que me resulta menos familiar es uno de los más recientes, *Criaturas de un día*, una colección de cuentos de psicoterapia publicado hace solo cinco años. Sigo el mismo patrón de lectura que había usado antes: solo un capítulo, justo antes de dormirme cada noche. Como antes, leer mi propio trabajo tiene un efecto terapéutico considerable y quiero prolongar la lectura tanto como sea posible. El libro consta de una introducción, un epílogo y doce cuentos, y me promete cierto alivio para la angustia y la depresión durante las próximas dos semanas.

Los textos de la cubierta y la contracubierta, escritos por personas eminentes a quienes respeto mucho, me impresionan. Nunca pensé que este libro fuera mi mejor trabajo, sin embargo, ha recibido más elogios que ninguno. Al leer el tercer cuento («Arabesco», que describe mi trato con Natasha, una llamativa bailarina rusa), me desconcierta no poder recordarla de inmediato.

Al principio me pregunto si he ficcionalizado una historia acerca de Sonia, una bailarina rumana que era amiga íntima de Marilyn. Pero, a medida que avanza la historia, está claro que Natasha era de hecho una bailarina rusa con la que tuve solo tres sesiones en las que traté de ayudarla a recuperarse de un amor perdido.

Un pasaje cerca del final del cuento me llama particularmente la atención. A medida que nos acercamos al final de nuestras reuniones, le digo a Natasha si quiere preguntarme algo.

Ella plantea una cuestión muy audaz:

—[...] ¿Cómo sobrelleva el hecho de tener ochenta años y sentir que el final está cada vez más cerca?

—[...] Hay una cita de Schopenhauer que compara la pasión del amor con el sol refulgente. Cuando el brillo disminuye en los años que siguen, de repente caemos en la cuenta de los maravillosos cielos estrellados que fueron oscurecidos o eclipsados por el sol.[1]

En la página siguiente, leo: «Lo que es diferente ahora es que valoro los placeres de la mera conciencia, y tengo la suerte de poder compartirlos con mi esposa, a quien he conocido durante casi toda mi vi-

---

1. Irvin D. Yalom, *Criaturas de un día*. Traducción de Cecilia Pavón, Barcelona, Ediciones Destino, 2015.

da».[2] Al leer estas líneas en la actualidad, me doy cuenta una vez más de que mi tarea ahora es gozar de la mera conciencia por mi cuenta, sin Marilyn como testigo.

Aunque recuerdo mi trato con Natasha con mucha claridad, sigo esforzándome por acordarme de su cara, pero se ha desvanecido por completo de mi memoria. Durante muchos años, he tenido la idea de que uno está verdaderamente muerto solo cuando no hay nadie que pueda recordar su rostro. Para Marilyn y para mí, eso significa que seguiremos vivos mientras vivan nuestros nietos más pequeños. Quizá eso explique, en parte, la tristeza que siento cuando ya no puedo rememorar el semblante de una paciente a la que conocí hace mucho tiempo. Es como si soltara la mano de alguien y este se perdiera en el olvido.

Otro cuento («Gracias, Molly») comienza con el funeral de quien fue durante años mi asistente personal, Molly. Me encuentro con Alvin, que había sido paciente mío un año entero. Resulta que también él había contratado a Molly. Ella trabajó para mí durante unos diez años y recuerdo muy claramente su rostro, pero no soy capaz de recordar la cara de Alvin. Lo mismo me pasa en los diez otros cuentos. No me acuerdo de las caras, a pesar de que los acontecimientos de cada historia me resultan muy familiares, y evoco el desenlace mucho antes de que llegue al final de cada cuento.

Además, en «Gracias, Molly», me sorprende leer

2. *Ibid.*

un párrafo donde se describe el primer encuentro de Alvin con la muerte. Un compañero de su clase, en séptimo grado, era albino, y Alvin recordaba «sus orejas enormes, su cabello erizado que llamaba tanto la atención, sus grandes ojos marrones llenos de sorpresa».[3] El chico falta a clase durante varios días, y una mañana la maestra informa a sus compañeros de que el niño ha muerto de polio. Le había dado al personaje de Alvin una parte de mi propio pasado: en séptimo grado, recuerdo con gran claridad que un niño albino llamado L. E. Powell se convirtió en la primera persona que yo conocía que hubiera muerto. Me parece extraordinario que, setenta y cinco años después, todavía sea capaz de rememorarlo perfectamente y de recordar su nombre (aunque apenas lo conocía). Lo evoco comiendo los sándwiches de pepino que le preparaba su madre para el almuerzo. Nunca había oído hablar de los sándwiches de pepino antes, y tampoco después. Tampoco me acuerdo de ningún otro chico de la clase de séptimo. Estoy seguro de que mi recuerdo de L. E. Powell surge de mi temprana lucha solitaria contra el concepto de la muerte.

El séptimo cuento tiene un título pegadizo: «Abandone la esperanza de un pasado mejor». No es original, por supuesto: esa idea es muy antigua. Pero no conozco ninguna otra frase corta que tenga mayor importancia para el proceso de la terapia. Me conmueve mucho releer el cuento, en el que relato que trabajo con una escritora de gran talento

3. Irvin D. Yalom, *Criaturas...*, *op. cit.*

que, durante muchos años, había dejado de lado la escritura.

Había olvidado gran parte del octavo relato, «Consíguete tu propia enfermedad mortal. Homenaje a Ellie», y volver a leerlo ha sido fascinante. Ellie tenía cáncer metastásico y, al final de su primera sesión, respiró hondo y me dijo:

—Me preguntaba si querría encontrarse conmigo hasta que yo muera.[4]

La historia de Ellie me hace pensar en los muchos años en los que la angustia ante la muerte me persiguió. Revisando el tema, me sorprende el hecho de haber trabajado tan poco sobre mi propio miedo en mi propia terapia. Nunca surgió el tema, ni una sola vez, en mis seiscientas horas de análisis. Lo más probable es que mi analista, Olive Smith, que tenía ochenta años, estuviera evitando el tema. Veinte años después, comencé a experimentar una gran angustia ante la muerte al comenzar a trabajar con grupos de pacientes con cáncer metastásico para ayudarlos a llegar al final. En ese momento, empecé un curso de terapia con Rollo May y me concentré mucho en esta angustia, pero sin demasiado éxito, a pesar de que Rollo siempre me presionó para que profundizara más en ello. Rollo y yo nos hicimos amigos y, años más tarde, me dijo que nuestra terapia había provocado en él mismo mucha angustia ante la muerte.

El cáncer de Ellie era de gran malignidad, y me maravillaba su capacidad para enfrentarse a la muer-

4. *Ibid.*

te utilizando un arsenal de argumentos libres de toda idea de negación de esa muerte que era inevitable; decía cosas como:

> La vida es transitoria. Siempre, y para todos.
> Mi trabajo es vivir hasta que muera.
> Mi trabajo es reconciliarme con mi cuerpo y amarlo, en su totalidad, y desde ese núcleo estable poder alcanzar la fuerza y la generosidad [...].
> Quizá pueda ser una suerte de pionera de la muerte para mis amigos y hermanos [...].
> He decidido ser un modelo para mis hijos: un modelo de cómo morir.[5]

Ahora que vuelvo sobre el tema, su coraje y el poder de sus palabras me parecen impresionantes. No pudimos hacer sesiones cuando murió: yo estaba en un descanso sabático de tres meses en Hawái, escribiendo un libro. Siento que me perdí la oportunidad extraordinaria de haber tenido un encuentro más en profundidad con una mujer que tenía un alma admirable. Ahora, en medio del dolor, me siento más cerca de mi propia muerte y siento que muchos de los comentarios de Ellie son muy relevantes. ¡Oh, cómo desearía poder revivirla evocando su rostro en mi mente una vez más!

5. Irvin D. Yalom, *Criaturas...*, *op. cit.*

Capítulo 33

SIETE LECCIONES AVANZADAS SOBRE LA TERAPIA DEL DOLOR

Cien días después

Mis amigos saben que siempre voy en busca de buenas novelas. He recibido muchas sugerencias interesantes en los últimos tiempos, pero, ya que deseo seguir disfrutando de los efectos terapéuticos de leer mis propios libros, elijo *Mamá y el sentido de la vida*, un libro de cuentos que escribí hace veinte años y que no había abierto desde entonces. Hojeando el índice, me asombra, de hecho me conmueve, leer el título del cuarto relato, «Siete lecciones avanzadas sobre la terapia del dolor». ¡Ah, las tribulaciones de tener ochenta y ocho años! ¿Cómo pude haber olvidado este cuento, tan apropiado para mi dolor actual? Es, de lejos, el más largo del libro. Me pongo a leerlo de inmediato. Las primeras líneas me activan la memoria, y toda la historia me vuelve a la mente.

Empiezo el cuento narrando una conversación con un amigo íntimo, un colega de la universidad, que me pide que trate a Irene, una amiga suya, cirujana de la facultad de Stanford, cuyo esposo tenía un tumor cerebral maligno, inoperable. Quería ayudar de verdad a mi amigo, pero aceptar a su amiga como paciente era raro: me daba miedo embrollarme en el tipo de límites borrosos que todo terapeuta experimentado desea evitar. Oigo sonar esa alarma, pero, como realmente quiero ayudar a mi amigo, digamos que le bajo el volumen. Además, la solicitud era bastante sensata: por aquel entonces, yo estaba muy enfocado en la investigación sobre el impacto de la terapia de grupo en unos ochenta cónyuges que pasaban por el proceso del duelo, y tanto mi amigo como yo estábamos convencidos de que, en ese momento, pocos terapeutas sabían más sobre el proceso del duelo que yo. Además, otra cosa terminó de convencerme: Irene le había dicho a mi amigo que yo era el único terapeuta lo bastante inteligente como para tratar su caso, nada mejor con lo que estimular mi vanidad.

En la primera sesión, Irene se sumerge sin preámbulos en aguas profundas y relata un sueño asombroso que tuvo la noche anterior a nuestro encuentro:

—Soy cirujana, pero al mismo tiempo una estudiante graduada de Literatura. Mi preparación para un curso involucra dos textos diferentes, uno antiguo y otro moderno, los dos llamados igual. No estoy preparada para el seminario porque no he leído ninguno de los dos textos. Sobre todo no sé nada del antiguo, texto que me habría preparado para el moderno.

—¿Qué recuerda, Irene? —le pregunté cuando

dejó de hablar—. Usted dice que los dos textos se llamaban igual. ¿Sabe cómo?

—Ah, sí. Lo recuerdo con claridad. Ambos libros, el antiguo y el moderno, se titulaban *La muerte de la inocencia*.[1]

Este sueño me parece una «ambrosía intelectual», un regalo de los dioses: un sueño para un detective psicológico hecho realidad. Me atrevo a preguntar:

—El que la hubiera preparado para el otro. ¿Alguna corazonada sobre el significado de los dos textos en su vida?

—No se trata de corazonadas —respondió Irene—. Sé exactamente lo que significan.[2]

Dejo que ella continúe. Pero ella permanece en silencio. La invito a seguir:

—¿Y el significado de los dos textos, Irene, es...?

—La muerte de mi hermano, a los veinte años, es el texto antiguo. La futura muerte de mi marido es el texto moderno.[3]

Volvemos muchas veces a este sueño de *La muerte de la inocencia*, y la decisión de evitar hacerse

1. Irvin D. Yalom, *Mamá y el sentido de la vida. Historias de psicoterapia*. Traducción de Rolando Costa Picazo, Buenos Aires, Emecé, 1999.
2. *Ibid.*
3. *Ibid.*

daño al no dejar que los demás le importaran. Durante su juventud, había decidido romper varias relaciones amorosas por esta misma razón. Sin embargo, al final había dejado que un hombre le importara, un hombre al que conocía desde cuarto grado. Se había casado con él, pero ahora él se estaba muriendo, antes de su hora. En la primera sesión, me quedó claro el mensaje: a través de su brusquedad, sus modales fríos y el mecanismo de ocultarme información, me estaba diciendo que no tenía la menor intención de dejar que yo le importara.

Tras la muerte de su esposo, y varias semanas después de nuestra primera sesión, Irene relató otro sueño fuerte, el sueño más vívido y espeluznante que le he oído a un paciente:

—Estoy en esta oficina, en esta silla. Pero hay una extraña pared en el medio del cuarto entre nosotros. Yo no lo puedo ver a usted. Al principio tampoco puedo ver bien la pared; es irregular, con montones de grietas y protuberancias. Veo un pequeño parche de tela, de un diseño escocés rojo; luego reconozco una mano, después un pie y una rodilla. Ahora sé lo que es: un muro de cuerpos apilados uno encima del otro [...].

—Cuénteme sobre el muro.

—Cuando lo describo ahora, suena horrible, como una pila de cadáveres en Auschwitz. Y ese parche de tela de diseño escocés rojo, de un diseño que conozco. Era el pijama que usaba Jack la noche que murió. Sin embargo, de alguna manera el muro no era horrible.

Era algo que estaba allí simplemente, que yo inspeccionaba y estudiaba. Podría haber apaciguado un poco mi miedo.

—Un muro de cuerpos entre nosotros. ¿Cómo interpreta eso, Irene?

—Allí no hay misterio. No hay misterio en nada del sueño. Es justo lo que he estado sintiendo todo el tiempo. El sueño dice que usted en realidad no puede verme debido a los cadáveres, a todas las muertes. Usted no lo puede imaginar. ¡A usted nunca le ha pasado nada! No ha habido una tragedia en su vida.[4]

En una sesión posterior, añade que mi vida es irreal:

—[...] Vive rodeado de su familia, y todos en la misma ciudad. Un círculo familiar intacto. ¿Qué puede usted saber de la pérdida, en realidad? ¿Cree que la trataría mejor? Suponga que su esposa o uno de sus hijos muriera ahora. ¿Qué haría? Hasta esa limpia y pulcra camisa a rayas que usa. La odio. Cada vez que se la pone, me sobresalto. ¡Odio lo que dice esa camisa!

—¿Qué dice?

—Dice: «Tengo todos los problemas resueltos. Cuénteme acerca de los suyos».[5]

Irene me habla de todos sus conocidos que han perdido al cónyuge:

4. Irvin D. Yalom, *Mamá...*, *op. cit.*
5. *Ibid.*

—[...] Uno nunca se repone [...]. Existe una silenciosa sociedad clandestina...

—¿Una sociedad clandestina? —le pregunté, interrumpiéndola.

—De personas que realmente saben: todos los sobrevivientes, los acongojados. Todo este tiempo usted me ha instado a que me desprenda de Jack, que me vuelva hacia la vida [...]. Todo eso es un error. Un error de satisfacción presuntuosa, propio de personas como usted, que nunca han perdido a nadie.[6]

Sigue con lo mismo durante semanas hasta que, al fin, me saca tanto de mis casillas que pierdo los papeles.

—Entonces, ¿solo los acongojados pueden tratar a los acongojados?

—Alguien que haya sufrido un trance similar.

—¡He estado oyendo esto desde que hago terapia! —exclamé—. ¿Solo los alcohólicos pueden tratar a los alcohólicos? ¿Y los adictos a los adictos? ¿Y hay que tener un desorden alimentario para tratar la anorexia [...]? ¿Qué le parece los esquizofrénicos para tratar la esquizofrenia?[7]

Más adelante, le hablo de los hallazgos de mi investigación, que muestran que cada viuda o viudo va tomando distancia de forma gradual del cónyuge fallecido, y que los cónyuges que tuvieron

6. Irvin D. Yalom, *Mamá...*, *op. cit.*
7. *Ibid.*

buenos matrimonios pasan por el proceso de desapego más fácilmente que aquellos cuyos matrimonios fueron menos satisfactorios, que lloran más por los años desperdiciados.

Imperturbable ante mis comentarios, Irene responde con calma:

> —Nosotros, los que padecemos el duelo, hemos aprendido a dar las respuestas que esperan los investigadores [...].[8]

La cosa sigue así durante muchos meses. Discutimos, discutimos, pero hay compromiso, hay voluntad. Irene mejora de forma gradual y, a principios del tercer año de terapia, conoce a un hombre al que llega a amar y con el que, finalmente, se casa.

8. *Ibid.*

Capítulo 34

MI APRENDIZAJE CONTINÚA

Ciento diez días después

El sábado por la mañana, temprano, me despierto con un fuerte dolor en el cuello. Me levanto sintiéndome rígido y dolorido. Es la primera vez que me da este dolor, que persiste durante toda una semana a pesar del empleo de collarines, analgésicos, relajantes musculares, paños fríos y calientes alternativamente, etcétera. Todos a mi edad tienen achaques, pero este es uno de mis primeros encuentros con un dolor tan persistente y agudo.

El lunes voy a la cita que tengo programada desde hace mucho tiempo con un neurólogo que me ha estado visitando por mis problemas de equilibrio. La causa más probable del trastorno del equilibrio es una pequeña hemorragia cerebral, pero las distintas radiografías que me han hecho no han podido proporcionar evidencias definitivas. Además de mis problemas de equilibrio, el neurólogo se centra en algunos de los problemas de memoria que describo y decide hacerme un test, oral y escrito, de quince minutos de duración. Creo que lo estoy haciendo bien, hasta que me pregunta:

—Ahora repita esos cinco elementos que le pedí que recordara. —Entonces reconozco que no solo los he olvidado del todo; también he olvidado que me había dado cinco elementos para recordar.

El neurólogo parece preocupado por eso y me da cita para hacerme, de aquí a tres meses, una revisión muy completa, de cuatro horas de duración, en una clínica especializada en neuropsicología. No hay nada que me dé más miedo que la demencia grave, y ahora que vivo solo, mi miedo se ha agrandado aún más. No estoy seguro de querer hacerme esa revisión, ya que, de tener demencia, no hay ningún tratamiento.

También está preocupado porque sigo conduciendo. No me gusta que me lo diga, pero, en parte, estoy de acuerdo con él. Soy consciente de mis limitaciones a la hora de conducir: me distraigo con facilidad, a menudo me siento incómodo al volante. Ya no conduzco por autopista o de noche. Me había planteado vender mi coche y el de Marilyn y comprarme uno nuevo, un coche más seguro, pero el neurólogo me hace cambiar de opinión. Convencido de que no voy a conducir durante mucho tiempo más, descarto la idea de tener automóvil nuevo. Pero sí que me decido a vender el coche de Marilyn, que ella adoraba, y que fue el que utilizó durante los últimos seis años. Llamo por teléfono a mi amigo, el dueño de los concesionarios de coches, y él me manda a un empleado que se lleva el coche de Marilyn ese mismo día.

Al día siguiente, ando con un incómodo collarín terapéutico, que me quito repetidas veces para aplicarme paños fríos y calientes en el cuello. Sigo pensando en la inquietud de mi médico por la demencia inminente. Pero me ocurre algo más perturbador al ver el garaje medio vacío, porque el coche de Marilyn ya no está. Esta visión abre una oleada de dolor dentro de mí, y por la noche pienso en Marilyn más de lo que lo he hecho en las últimas semanas. Me arrepiento de haber vendido su vehículo. Separarme de él ha vuelto a abrir mi herida.

Es un cóctel nocivo: debo lidiar a la vez con un dolor importante, con el equilibrio deteriorado, con el insomnio resultante de la incomodidad en el cuello, con el terror de que me falle la memoria y con la desaparición del automóvil de Marilyn. Empiezo a desesperarme y, durante un par de días, me hundo en la depresión más profunda que jamás haya experimentado. En el fondo del pozo, permanezco inerte durante horas, sin poder hacer nada, ni siquiera llorar.

Me quedo sentado sin hacer nada, apenas consciente de mí mismo, durante horas y horas. Un amigo va a pasar a buscarme para ir a una cena del departamento de Psiquiatría de Stanford, pero en el último momento lo llamo y le digo que no voy a ir. Voy a mi escritorio y trato de escribir, pero no surge ninguna idea y me alejo del teclado. Tengo poco apetito, me salto las comidas con facilidad: he perdido alrededor de dos kilos y medio en los últimos días. Ahora estoy más de acuerdo con mis comenta-

rios anteriores sobre la aparición de obsesiones sexuales: es mucho mejor sentir algo que no sentir
nada. No sentir nada, exactamente, es la mejor descripción de mi estado de ánimo estos últimos días.
Por fortuna, Ben, mi hijo menor, llega para una visita de veinticuatro horas, y su energía y amabilidad
me reaniman.

Después de unos días más y algunas sesiones de
masajes, el dolor cervical desaparece y, para el fin de
semana, me siento lo bastante bien como para volver a pensar y continuar trabajando en este libro.

Al recordar las semanas transcurridas desde la muerte de Marilyn, me doy cuenta de que he hecho un
«posgrado» excelente. He experimentado de primera mano tres elementos importantes que a menudo
presentan un reto para los terapeutas.

Primero, estaban las tremendas obsesiones que
no podía detener: pensamientos obsesivos y repetitivos sobre la masacre de la plaza de Tiananmén,
pensamientos sobre los senos de las mujeres, fanta-
sías sexuales, etcétera. Todas estas obsesiones ahora
se han desvanecido, pero nunca olvidaré la impotencia que sentía cuando trataba de detenerlas.

Luego, pasé por la experiencia de un dolor profundo y devastador. Aunque ya no es tan fuerte, aún
persiste y se enciende con facilidad al mirar el retrato de Marilyn. Lloro cuando pienso en ella. Escribo
estas líneas el 10 de marzo, el día de su cumpleaños,
ciento diez días después de su muerte.

Y por último, he pasado días con bastantes síntomas de depresión grave. Creo que jamás olvidaré la experiencia de la inmovilidad, de la falta de vida, de sentirme inerte y desesperanzado.

Ahora veo con otros ojos a Irene, mi paciente. Como si fuera ayer, recuerdo gran parte de mis charlas con ella, en particular, sus comentarios sobre cómo mi vida tan cómoda, acogedora y privilegiada me impedía comprender del todo la devastación que representaban sus numerosas pérdidas. Ahora me tomo sus palabras más en serio.

Irene, creo que tenías razón. «Presumido y cómodo», me llamaste, y tenías razón. Si te viera ahora, ahora que he vivido la muerte de Marilyn, estoy seguro de que nuestro trabajo juntos sería distinto, y mejor. No puedo especificar qué haría o qué diría, pero sé que sentiría todo de manera diferente y que habría encontrado una forma más genuina y útil de estar contigo.

Capítulo 35

QUERIDA MARILYN

Ciento veinticinco días después

Mi querida Marilyn:

Sé que estoy rompiendo todas las reglas al escribirte, pero he llegado a las últimas páginas de nuestro libro y no puedo resistirme a establecer contacto contigo una última vez. Fuiste tan sabia al invitarme a escribir este libro contigo..., no, mejor dicho: no me invitaste, insististe en que dejara de lado el libro que había empezado y que, en su lugar, escribiera este contigo. Te estaré eternamente agradecido por tu insistencia; este proyecto me ha mantenido con vida desde tu muerte, hace ciento veinticinco días. Recuerdas que escribimos capítulos alternados hasta dos semanas antes del Día de Acción de Gracias, cuando ya estabas demasiado enferma para continuar y me dijiste que tendría que terminar el libro por mi cuenta. He estado escribiendo solo durante cuatro meses, sin hacer nada más que escribir, y ahora estoy llegando al final. Le he dado vueltas a este último capítulo durante semanas, y ahora sé que no puedo terminarlo sin dirigirme a ti por última vez.

¿Cuánto de lo que he escrito, y de lo que estoy a punto de escribir, ya conoces? Por supuesto, mi mente madura, científica y racional me dice: «Cero, nada, no sabe nada»,[1] pero mi mente infantil, tierna, vulnerable, tambaleante y emocional quiere oírte decir: «Lo sé todo, mi querido Irv. He estado a tu lado, acompañándote en cada momento de este viaje».

Marilyn, lo primero que debo hacer es abordar y desmontar algunos problemas relacionados con el sentimiento de culpa. Perdóname, por favor, por no mirar tu retrato más a menudo. Lo guardo en la sala de estar, pero..., para mi vergüenza..., ¡¡lo he puesto cara a la pared!! Varias veces he intentado ponerlo como corresponde, para poder mirar tus hermosos ojos cada vez que pasaba, pero, sin excepción, cada vez que lo hacía el dolor me atravesaba el corazón y me ponía a llorar. Ahora, después de cuatro meses, el dolor está empezando a mitigarse. Ya puedo darle la vuelta a tu foto y mirarte a los ojos durante unos pocos minutos cada día sin ponerme a llorar. El dolor ha disminuido y, de nuevo, el calor del amor me inunda. Un rato más tarde, contemplo otra foto tuya que acabo de encontrar. Me estás abrazando. Mis ojos están cerrados: estoy inmerso en la felicidad.

Y tengo otra confesión: ¡todavía no he visitado tu tumba! No he reunido el valor suficiente: el mero hecho de pensar en hacerlo me hace sentirme mal físicamente. Pero todos los chicos visitan tu tumba cada vez que vienen a Palo Alto.

1. En español en el original. (N. del e.)

Desde la última vez que hojeaste el borrador de nuestro libro, he escrito cien páginas más, y ahora estoy trabajando en estos párrafos finales. Me resultó imposible cambiar o eliminar una sola de las palabras que tú habías escrito, así que le pedí a Kate, nuestra editora, que se encargara del trabajo de edición de tus capítulos. Al final de esa parte, describo tus últimas semanas, los días y momentos que pasé a tu lado sosteniendo tu mano mientras exhalabas tu último aliento. Luego escribí sobre tu funeral y sobre todo lo que me ha sucedido desde entonces.

He pasado por un abismo de dolor, pero ¿qué otra cosa podía hacer, puesto que te he amado desde que éramos adolescentes? Incluso ahora, cuando pienso en lo afortunado que fui por haber pasado mi vida entera contigo, no puedo entender cómo ha ocurrido todo. ¿Por qué la chica más inteligente, hermosa y popular de la escuela secundaria Roosevelt decidió pasar su vida conmigo? ¡Yo, el empollón de la clase, la estrella del equipo de ajedrez, el niño socialmente más torpe de toda la escuela! Te encantaba Francia, adorabas el francés y, sin embargo, como me decías a menudo, yo he pronunciado mal cada una de las palabras en francés que me han salido al paso a lo largo de mi vida. Te encantaba la música, eras una bailarina espectacular y elegante, y yo tan negado como soy para el sonido musical que hasta mis maestros de música en la escuela de primaria me pedían que no cantara en los ejercicios de coro que hacíamos en clase, y bueno, como bien sabes, siempre fui una vergüenza en la pista de baile. Sin embargo, siempre me dijiste que me amabas y que veías un gran potencial en mí. ¿Cómo podré agradecértelo lo suficiente? Las lágrimas se derraman por mis mejillas mientras escribo estas líneas.

Los últimos cuatro meses sin ti han sido los más duros de mi vida. A pesar de las innumerables llamadas y visitas de nuestros hijos y amigos, he estado aturdido, deprimido, y me he sentido muy solo. Me había empezado a recuperar un poco, hasta que hace tres semanas se me ocurrió vender tu coche. A la mañana siguiente, viendo el espacio que había quedado vacío, volví a sentirme abrumado por la desesperación. Me puse en contacto con una excelente terapeuta y la he estado viendo todas las semanas. Me ha ayudado mucho, y seguiré trabajando con ella durante un tiempo.

Y en medio de todo esto, hace más o menos un mes, se desató una pandemia de coronavirus que ha puesto en peligro al mundo entero. Es algo distinto a todo lo que cualquiera de nosotros haya experimentado jamás: en este mismo momento, Estados Unidos y casi todos los países europeos, incluida Francia, se encuentran en cuarentena durante las veinticuatro horas del día. Es extraordinario: todos los neoyorquinos, parisinos, habitantes de la ciudad de San Francisco, los alemanes, italianos, españoles, la mayor parte del mundo occidental, deben permanecer aislados en sus hogares. Se ha ordenado el cierre de todas las empresas, excepto de los negocios que venden alimentos y las farmacias. ¿Te imaginas el enorme centro comercial de Stanford cerrado? ¿Y los Campos Elíseos en París? ¿Y Broadway en Nueva York? Todo vacío, todo cerrado. Está pasando en este mismo momento y se está extendiendo. Aquí está el titular de esta mañana del *New York Times*: «India, Día 1: comienza la cuarentena más grande del mundo: se les ordena a unos 1.300 millones de indios que se queden en casa».

Sé cómo te habrías tomado este tema: habrías estado abrumada por la angustia y alarmada por mí, por nuestros hijos y por tus amigos en todo el mundo, y por todos los recordatorios diarios de que nuestro mundo se está derrumbando. Estoy agradecido por que no hayas tenido que pasar por esto: seguiste el consejo de Nietzsche, ¡moriste en el momento justo!

Hace tres semanas, al comienzo de la pandemia, nuestra hija decidió mudarse conmigo durante un tiempo. Como sabes, Eve está a punto de jubilarse. Y cuando tus hijos se jubilan, ahí te das cuenta de que eres un anciano de verdad. El departamento de Ginecología le ha permitido atender a todos sus pacientes en línea estas últimas semanas. Eva ha sido un regalo del cielo. Me está cuidando bien, y mi ansiedad y mi depresión se han desvanecido. Creo que me ha salvado la vida. Eve se asegura de que estemos aislados de veras y de que no tengamos contacto físico con nadie. Cuando damos un paseo por el parque y pasamos al lado de la gente por el camino, usamos mascarillas, como todos ahora, y nos mantenemos siempre a dos metros de distancia de cualquier persona con la que nos cruzamos. Ayer, por primera vez en un mes, me subí al coche. Fuimos a Stanford y dimos un paseo, empezando por el Centro de Humanidades, y caminamos hasta el Parque Oval. Estaba completamente desierto, aparte de unos pocos caminantes, que iban todos con sus mascarillas y manteniendo la distancia entre sí. Todo estaba vacío: la librería, el edificio de Tresidder Student Union, el club de profesores, las bibliotecas. No hay un estudiante a la vista. La universidad está cerrada.

Durante las últimas tres semanas, nadie ha entrado en nuestra casa. Absolutamente nadie, ni siquiera Gloria, nuestra ama de llaves. Seguiré pagándole su salario hasta que sea seguro para ella volver a trabajar aquí. Lo mismo pasa con los jardineros, a quienes el gobierno ha ordenado permanecer en sus casas y no ir a trabajar. Las personas de mi edad somos muy vulnerables a este virus, que tal vez se lleve mi vida, pero ahora, por primera vez desde que te fuiste, creo que puedo decirte: «No te preocupes por mí: estoy empezando a reincorporarme a la vida». Y tú estás ahí, conmigo, todo el tiempo.

Muchas veces, Marilyn, buceo en vano en mi memoria: trato de pensar en alguien a quien conocimos, en algún viaje que hicimos, en alguna obra de teatro que vimos, en algún restaurante en el que cenamos, pero todos esos sucesos se me han desvanecido de mi memoria. No solo te he perdido a ti, la persona más preciosa que encontré en el mundo, sino que gran parte de mi pasado se ha desvanecido contigo. Mi predicción de que cuando me dejaras te llevarías una buena parte de mi pasado ha resultado ser cierta. Por ejemplo, el otro día recordé que hicimos un viaje, hace unos años, a un lugar aislado; recuerdo que conmigo llevé las *Meditaciones* de

Marco Aurelio, y para asegurarme de leer el libro entero, no llevé ningún otro. Recuerdo haberlo leído y releído, disfrutando de cada palabra. Pero el otro día, en vano, intenté recordar adónde habíamos ido en ese viaje. ¿Era una isla? ¿Era México? ¿Dónde era? Por supuesto que eso no es lo importante, pero aun así es preocupante pensar en que recuerdos tan maravillosos se desvanezcan para siempre. ¿Te acuerdas de todos los pasajes que te leí? ¿Y de que te dije que, cuando murieras, te llevarías mucho de mi pasado contigo? Pues así fue.

Otro ejemplo: la otra noche releí «La maldición del gato húngaro», el cuento final de mi libro *Mamá y el sentido de la vida*. Tal vez recuerdes que el personaje principal de la historia es un amenazante gato húngaro que habla, pero a medida que se acerca el final de su novena y última vida, se aterroriza ante la muerte. Es el cuento más fantasioso y raro de cuantos he escrito, y no tengo ni idea de dónde me vino la historia. ¿Qué fue lo que lo inspiró? ¿Tuvo algo que ver con mi amigo húngaro, Bob Berger? Me imagino preguntándote qué me inspiró a escribir esta extraña historia; después de todo, ¿quién más ha escrito sobre un terapeuta que trabaja con un gato que habla húngaro? Estoy seguro de que recordarías la fuente de inspiración con toda precisión. Tantas veces, Marilyn, busco en mi memoria en vano: no solo te he perdido a ti, la persona más preciosa del mundo. Muchas otras cosas de mi mundo se han desvanecido contigo.

Estoy seguro de que me estoy acercando al final de mi vida y, sin embargo, es curioso, siento poca

angustia ante la muerte; siento una increíble paz
mental. Ahora, cada vez que pienso en la muerte, la
idea de «unirme a Marilyn» me tranquiliza. Quizá
no debería poner en duda un pensamiento tan con-
solador, pero no puedo escapar a mi escepticismo.
Después de todo, ¿qué demonios significa realmente «unirme a Marilyn»?

¿Recuerdas una conversación en la que expresé
mi deseo de ser enterrado a tu lado, en el mismo
ataúd que tú? Me dijiste que, en todos los años que
habías trabajado en tu libro sobre los cementerios
estadounidenses, nunca habías oído hablar de un féretro para dos. Eso no me importaba: te dije que me
tranquilizaba mucho pensar en los dos juntos en el
mismo ataúd, mi cuerpo junto a tus huesos, mi cráneo al lado de tu cráneo. Sí, sí, por supuesto, el pensamiento racional me dice que tú y yo ya no estaremos
allí; que lo que queda es carne y huesos insensibles,
sin alma y en continuo deterioro. Y sin embargo la
idea, no la realidad, sino la idea misma, proporciona
consuelo. Yo, un materialista convencido, me desha-
go de mi razón y me deleito sin vergüenza en el pensamiento completamente fantástico de que si tú y yo
estuviéramos en el mismo ataúd, estaríamos juntos
para siempre.

Por supuesto que eso es irreal. Por supuesto que
nunca podré unirme a ti. Tú y yo ya no existiremos
más. ¡Es un cuento de hadas! Desde los trece años,
no me he tomado en serio ninguno de los puntos
de vista religiosos o espirituales sobre el más allá.
Y, sin embargo, que me tranquilice la idea de unirme
a mi difunta esposa, a mí, que soy un gran escépti-

co y un científico, es una prueba del deseo extraordinariamente poderoso que tenemos de trascender esta vida y del miedo que los humanos le tenemos al olvido. Siento un renovado respeto por el poder y el alivio que proporciona el pensamiento mágico.

Mientras escribía estas últimas líneas, ocurrió una coincidencia extraordinaria: recibí un correo electrónico de un lector que había leído mi libro *Memorias de un psiquiatra*. Las últimas líneas eran:

> Pero ¿por qué, doctor Yalom, tanto miedo a la muerte? El cuerpo muere, pero la conciencia es como un río que atraviesa el tiempo... Cuando llega la muerte, es hora de decir adiós a este mundo, al cuerpo humano, a la familia..., pero no es el final.

No es el final: con qué fuerza los seres humanos, desde el comienzo de la historia, nos hemos aferrado a este pensamiento. Cada uno de nosotros le teme a la muerte; cada uno de nosotros debe encontrar la manera de sobrellevar ese temor. Marilyn, recuerdo muy claramente tu comentario tan repetido: «La muerte de una mujer de ochenta y siete años que no se arrepiente de la vida que tuvo no es ninguna tragedia». Esta idea de que, cuanto más plenamente vives tu vida, menos trágica es tu muerte, me parece muy verdadera.

Algunos de nuestros escritores favoritos defienden ese punto de vista. Recuerda que Zorba, ese personaje de Kazantzakis que amaba la vida, decía admonitoriamente: «No le dejes a la muerte más que un castillo incendiado».[2] O el pasaje de Sartre, de su autobiografía, que me leíste: «Yo iba lentamente hacia mi fin [...], seguro de que el último impulso de mi corazón se inscribiría en la última página del último tomo de mis obras y que la muerte solo se llevaría a un muerto».[3]

Sé que existiré en forma etérea en las mentes de aquellos que me han conocido o que han leído mi trabajo, pero en una generación o dos, cualquiera que me haya conocido como persona de carne y hueso se habrá ido de este mundo también.

Terminaré nuestro libro con las inolvidables palabras iniciales de la autobiografía de Nabokov, *Habla, memoria*: «La cuna se balancea sobre un abismo, y el sentido común nos dice que nuestra existencia no es más que una breve rendija de luz entre dos eternidades de oscuridad».[4] Esa imagen me golpea y me calma a la vez. Me recuesto en mi silla, cierro los ojos y me reconforto en ella.

2. Irvin D. Yalom, *Mirar...*, *op. cit.*

3. Jean-Paul Sartre, *Las palabras*. Traducción de Manuel Lamana, primera edición en español, Buenos Aires, Editorial Losada, 1964.

4. Vladimir Nabokov, *Habla, memoria. Una autobiografía revisitada*. Traducción de Enrique Murillo, Barcelona, Editorial Anagrama, 1986.